学校の生活指導・保護者の心得帳

裁判事例から考える

いじめ・体罰・校則違反

柿沼昌芳 著

同時代社

はじめに

　私は、三〇年間、「教育困難校」といわれている都立高校で毎日繰り返される生徒の喫煙、制服、頭髪の校則違反等々、生活指導での問題に日夜明け暮れていました。そのような体験から、学校の生活指導の重要性はもちろん、家庭での保護者の教育力が大きな位置を占めていることを知りました。そのために、まず、学校での生活指導について保護者に理解してもらうことが必要先決です。しかし、一般的に、学校での生活指導は保護者にとって不透明で分かり難いことが多々あることは確かです。そのような不透明さを拭い去ることなしには、保護者と教師がともに手を携え様々な問題を解決することはできないでしょう。

　過日「教育は親と教師でするもの」と題した教師の長尾松代さんの「声」欄の投書が目にとまりました（「朝日新聞」二〇一一年一月二七日）。その内容を紹介すると、彼女は、小学校教師時代の教え子に二〇年ぶりに会う機会があり、痛い思い出がよみがえった、というのです。それは、彼女のクラスで人気アニメのカードが消え、一人の子が犯人だと疑われましたが、後日、「なくした」子の勘違いだと分かりました。その時、疑われた子の親は、「疑われるようなことをしてきたあなたの責任」だとして自分の子を逆にたしなめたそうです。疑われた子は、「あれ以来、何か起きるとまず自分自身を問うようになった」というのです。疑われた子の親が、わが子がぬれぎぬを着せられるという腹立たしい事態を教育のチャンスに変えたのだと、長尾先生は考えたといいます。当時、長尾先生は、この事件での対応のまずさを親にわびた際にその親から言われた言葉は、「子どもを良くしたい思いは親も教師も同じ。私たちと先生は同志ですよ」という言葉でした。長尾先生はハッとし、教師として一人で全部を背負った気になり謙虚さを失っていたことを反省し、その親の笑顔に肩の力が抜け、前を向けたのを覚えている、と記しています。

この「声」は、教育は教師だけが行うものではなく、親の役割が大切であることを物語っていますが、これとは逆に、わが子がぬれぎぬを着せられるという事態を教師攻撃のチャンスにする事例もあります。[*1]しかし、この母親のように「私たちと先生は同志ですよ」という考え方が、いまこそ大切なのだと考えます。

教育には、学校教育と家庭教育が考えられますが、学校教育が中心で、家庭教育はそれを「補佐」するものと考えられてはいないでしょうか。しかし、いま、いじめ、体罰、不登校等々学校だけの指導では限界があり、どうしても家庭での指導が大切になってきています。

また、わが子が数人の友達からいじめられた裁判で、裁判所は加害生徒の両親の責任について述べるなかで、「いじめが、その被害者に多大な精神的苦痛を与えるもので決してしてはならない行為であることをたびたび言い聞かせるとともに、担任教師等と連絡を密に取って、子どもの学校内での生活ぶりを聴取し、問題行動とみられる行為があればこれを制止すべく説得するなどの措置を講じる義務を負っていた」（広島地裁、二〇〇七年五月二四日、『判例時報』一九八四号）と判示し、家庭での教育の大切さを指摘しています。

さて、本書は、学校の日常での罰や校則違反などの指導、体育祭、生徒会、部活動などでの生活指導上の問題をとりあげ、さらに、これから教師と保護者がともに検討していかなければならない課題など様々な生活指導での疑問を一問一答形式で具体的に解説しました。

そのような趣旨からお断りしておきますが、いま、いじめ、体罰などの指導を学校では「生徒指導」と言うのが一般的ですが、これまでに述べた趣旨から、「生活指導」としました。「生徒指導」も「生活指導」も同じような意味で使われてきましたが、文部科学省は、「生徒指導」という言い方にこだわり、東京都は「生活指導」という言い方にしています。起源的には、「生活指導」が先であり、「生徒指導」は、それに代わる言葉として使われるようになった経緯があります。「生活指導」という言葉は、戦前の「生活綴り方」運動や、戦後の「全国生活指導研究協議会」の活動で使われてきましたが、一九五八年に学習指導要領が改訂され〈勤務評定の実施も同年〉、「道徳」が特設されました。城丸章夫は、この改訂について「改訂学習指導要領は、従来の生活指導では道徳教育は不十分だとして『道徳』の時間を特設し、学級での話し合いの時間を形骸化させるとともに、教科外諸活動〈注・生徒会、学校行事、学級活動〈高校はホームルーム〉など〉を能率主義的・機能主義的に再編することによって、集団の自治を形骸化した」〈『現代教育学事典』労働旬報社、一九八八年〉と解説しています。簡潔にいえば、それまでの生活指導を「道徳」と「生徒指導」に分けたということでしょう。その後教育行政によって、「生活指導」ではなく「生徒指導」という言葉を使うようにという指導がおこなわれたと城丸は指摘しています。*2

このように、いま、「生徒指導」用語が一般化しています。しかし、「生徒指導」という言葉からは、学校での指導というニュアンスがあり、子どもたちの家庭での保護者の指導も含めてトータルに捉えるということが抜け落ちていますので、本書の趣旨から「生活指導」という用語の方が適切だと考えます。子どもたちの指導は教師と保護者の連携のもとに行われることが必要な条件であるということから、これまでとは異なった新しい視点で「生活指導」という用語を提示しています。したがって本書は、あえてタイトルのなかで「生活指導」という用語を用いました。

＊1　問題になっているクレーマー的発言をどのように考えたらよいかについては、『保護者の常識と非常識』（柿沼昌芳・永野恒雄著、大月書店、二〇〇八年）でまとめましたので合わせてお読みいただけると幸甚です。

＊2　確かに、当時の文部省が、一九五七年まで使われていた「生活指導」を一九五八年を境に、「生徒指導」へと変更したことは、「生徒指導関係略年表」（文部科学省）によっても確認できますが、その後、一九六五年に、『生徒指導の手引き』が作られ、全国の中学校・高等学校に一五万部が配布されました。一九七〇年には、高等学校指導要領に「生徒指導の充実」が明記され、一九八一年には『生徒指導の手引（改訂版）』が発表されました。そして、二〇一〇年『生徒指導提要』（文部科学省）がまとめられました。この『生徒指導提要』については、『「生徒指導提要」一問一答―生徒指導のバイブルを読み解く』（柿沼昌芳他、同時代社、二〇一二年）で詳細に解説しました。

目次

第3章　体育祭・修学旅行・部活動などでの生活指導

第4章　保護者、教師がともに考えるこれからの生活指導

第1章　わが子が受けた生活指導での疑問

罰としての掃除当番への疑念

罰当番で遅く帰宅

息子が、夕食の時間になって、やっと帰ってきたので理由を聞くと、今日は掃除当番だったのだが当番のうち二人の子が帰ってしまったので、先生が怒ってその子たちの家まで行き呼び戻してから教室の掃除をすませ、さらに罰として全員で学校の周りの掃除をさせられたので帰るのが遅くなったというのです。

サボって帰ったことは悪いことですが、そこまでやらせる必要があるのでしょうか。疑問です。

罰とは

学校教育法第一一条*で、それぞれの先生は「教育上必要があると認められるとき」には生徒を叱ったり、立たせたり、教室から出すなど、懲戒を行うことができます。しかし、ご承知のように、体罰は禁止されているということもあって、学校では体罰以外の「合法的」罰が数多く行われています。そのいくつかを紹介しましょう。①精神罰：怒鳴る、嫌み、皮肉、反省文を書かせる、それを廊下に掲示する、休み時間に外で遊べない、放課後教室に居残る、廊下で正座する、職員室で正座する。②労働罰：当番ではないのに掃除をする、一週間の罰当番、ひとりで校舎の廊下を十回ふく、学校中の落書きを消す、塀まわりの空き缶を拾う、グランドの石を千個拾う。③精神罰を加味した労働罰：便所掃除、下校時の校門清掃。④人格侵害罰：名前の公表、成績の公表、顔に落書き、犬のまねをさせる、土下座。⑤学習罰：書き取り百回、全文書き取り、ドリル十枚。等々数え切れない罰があります。このような懲戒を「事実上の懲戒」といいますが、文部科学省がまとめた『生徒指導提要』（文部科学省、二〇一〇年）は、この「事実行為としての懲戒」について、「児童生徒を叱責したり、起立や居残りを命じたり、宿題や清掃を課すことや訓告を行うこと」としていますので、懲戒の中の宿題を課す学習罰や清掃を課す労働罰については、保護者の立場からも考えておく必要があります。この罰として掃除を科すことについて、母親からの投書があります。少し長くなりますが紹介しましょう。

＊第一一条　校長及び教員は、教育上必要があると認めるときは、文部科学大臣の定めるところにより、児童、生徒及び学生に懲戒を加えることができる。ただし、体罰を加えることはできない。

「罰として清掃偏見生む恐れ」

私は息子と二人の生活を支えるため、三二年間県立高校で用務の仕事をし、昨年定年退職。現在も近くの小学校で臨時職員として働いている。

文科省が「清掃活動」は体罰にあたらず、懲戒措置として課すことができると受け取れる通知（二〇〇七年二月五日）を全国の都道府県教委などに出したことを知り、私は悲しんでいる。用務の仕事を始めたばかりのころ除草や清掃をしていると、生徒たちから何度か「くそババア」と罵声を浴びせられ、時には紙飛行機を投げつけられたこともあった。それでも与えられた仕事であれば、私は逃げることなく仕事を続けた。当時小学生だった私の子どもには、夏休みに何度か私の働いている姿を見せ、「お母さんは決して恥じる仕事をしているのではない」ことを分からせた。

ある時、学校の生徒指導部から、「規則違反した生徒に職員トイレの清掃をやらせて良いか」と言ってきた。私は断った。罰として私が担当している仕事をして欲しくなかったからだ。世の中には清掃を本業にしている人たちが、たくさんいる。清掃が罰になれば、その人たちに対する差別と偏見が生まれるのではないか。文科省などには、ぜひ再考をお願いしたい（「朝日新聞」二〇〇七年二月一六日「声」欄〔埼玉県所沢市六四歳〕）

この「声」を親の立場でどのように考えますか。このような視点は、子どもたちには見えないのではないでしょうか。それにしても、日頃、あまり疑問も持たずに子どもたちは教室の掃除当番を行っています。自分たちが汚したのだから当然掃除する必要がありますが、しかし、改めて、学校掃除についての佐藤秀夫の指摘に耳を傾けてください。

佐藤秀夫は、子どもの学校掃除が一般化したのは、さほど古くはなく日清戦争（一八九四〜九五）以後、それ以前は、子どもにさせるのは衛生上問題があるとの考えから、学校の掃除は先生や用務員の役割だった。日清戦争では、多くの兵隊が赤痢などで戦病死した。公衆衛生思想の乏しさが原因と見なされて、学校での集団衛生が重視され出し、一八九七（明治三〇）年に、学校の清掃手順を具体的に示した文部省訓令「学校清潔方法」が定められた。ちょうどそのころは、就学児童が増えて学校の規模が大きくなり、掃除は教師らの手に余るようになっていた。だが、清掃用員を雇う予算がなかったため、子どもたちにも掃除をやらせるようになったと説明したうえで「子どもに学校掃除をさせるようになったのは、主に学校財政上の理由から。〝しつけ〟論は、それを合理化するためにあとからつけられたもの。特に昭和十年代のファシズム期、精神鍛錬主義が叫ばれたころに、『掃除は修行、心を磨く』式のもっともらしい意味付けがなされた」(「朝日新聞」一九九〇年三月三〇日)と指摘しています。

ある私立学校では、便器を手で拭くなど便所の掃除を「心を磨く」重要な生徒指導の方策に位置づけています。家庭での掃除と学校での掃除について考えておくことと、しつけだけではなく生活するうえでどのような意味があるのか、子どもと話し合っておくことも大切でしょう。

学校の掃除と家庭の掃除

ここで、学校で起きた掃除中の事故での裁判を紹介しましょう。それは、小学校で清掃時間中、四年生同士が頭部を打ちつけ、A君が頭部打撲、脳挫傷等の傷害を負った、という事故です。この事故に対してA君と両親が、小学校の先生に安全配慮義務の違反があったとして訴えました。

判決は、「本件事故は、小学校における清掃時間中に起きたものであるところ、清掃行為自体は家庭においても行われる日常的な行為であって、児童が行う場合でも特段の危険を伴う性質のものとは認められないものであるが、学校内で行われる作業として児童に危険を生ずることのないように必要な注意指導が行われるべきものと言うべきである。本件教室内にいる児童を指導監督するために、教室に在室し、あるいは教室内に立ち寄るなどして、事故の発生を防止するための措置を講じなければならないという具体的な注意義務を負っていたということはできない、事故当時の状況に照らせば、A君が負傷するという事態を予見すべき特段の事情を認めることはできない」（東京地裁、二〇一一年九月五日、「判例時報」二一二九号）と判示しています。

このように裁判所は、先生が事故を予想できなかったので責任はないとし、A君と両親の訴えを棄却しています。そのことについて、どのように考えるかという問題もありますが、ここでは、清掃は家庭でも行われる日常的な行為であって、特段の危険を伴うものとは認められない、という判断です。学校の掃除と家庭の掃除が全く異なることは、自明のことです。このような「杜撰《ずさん》」ともいえるような判断を裁判所が行っていることを銘記しておくことも保護者としては必要でしょう。

カンニングを疑われて全教科〇点なんて

消しゴムに紙が巻かれて

うちの息子は、県立高校の三年生です。高校卒業後は国立大学に進学して、将来は公認会計士になることを目指していましたが、学校ではごく普通の真面目な生徒で、数学や理科が得意で、二年生のときの物理の試験ではほぼ九〇点以上をとっていました。

ところが、今回の物理の試験でカンニングが発覚したので、今期の試験はすべて〇点とすると担任の先生から言われ、ショックを受けています。息子はカンニングはしていないと主張していますが、全く先生は認めないで、全教科〇点、一週間の自宅謹慎と言われました。

担任の先生のお話では、その日、試験監督のP先生が教室を巡回していたとき、左手を伸ばし、左手首付近に大きな消しゴムを置き、その消しゴムを見ながら解答を記入していることに気付いたというのです。そこで先生は一分間ぐらい様子を見ていたところ、消しゴムの紙ケースが大きくずらされ紙が巻かれており、その紙にはコンデンサーの公式や電気容量を示す公式などが書かれていたというのです。

先生が再度様子を確認したところ、消しゴムに巻かれているペーパーを見ながら解答していたので、小さな声で「消しゴムを出してください」と言ったのですが、息子は拒否し、左手をポケットに入れ黙ったまま消しゴムを出さなかったのですが、しばらくして、ポケットから握りつぶされくしゃくしゃの状態となった紙を取り出し先生に手渡したので、先生はその紙を手帳の間に挟み、ポケットにしまったようです。その時、その文字や内容までは確認しなかったのですが、試験を続けるように指示したようです。

後から先生が確認したら、日本史の内容が書かれたペーパーだったというのです。息子は前の時間の日本史の解答を確認していたので、物理のカンニングはしていないと主張しています。息子を信じたいのですが、無理でしょうか。

親の立場は、わが子の味方

分かりました。私の意見を申し上げますので参考にしてください。基本的には、母親としては息子さんの主張を全面的に信じることです。両親が息子の行為に疑問を少しでも抱いたら、お子さんは精神的に孤立してしまいますので、くどくなりますが、息子さんの主張を信じることです。ただ、お話の様子から、先生方は息子さんはカンニングを行ったと考えているでしょう。そこで、母親として今回のことをどのように考えたらよいのかについて私の考えを述べます。

まず第一に、当然ですが、カンニングは不正行為であって絶対にしてはならない行為です。そのことを前提にして、今回の「事件」のように、他の人から疑われるような行為をしないこと、疑われるような行為をした息子さん自身にも責任があることを明確にしておく必要があります。このことは、これから生きていくうえでも大切なことなので、今回の事件はそのための教育的チャンスと考えることが必要でしょう。次に、カンニングという行為をどのように考えるかです。確かに、カンニングは不正行為で行ってはいけないことは、明白です。ただ、教師が試験を監督するのはカンニングを摘発するのではなく、カンニングを行われないようにすることが主たる任務で、カンニングに気がついたら止めさせる必要があります。この「事件」では、先生がどのような立場で指導されたか明確には分かりませんが、一般的に、先生方もゆとりがなく、かつては、カンニングのような行為はおおめにみて適当に「指導」していたのですが、学校全体の管理が強化されるなかで、そのような気持ちのゆとりが喪失してしまっています。

試験とカンニングは「セット」か

少し過去になりますが、二〇〇二年に一橋大学で七月末の学期末試験を受けた二、三年の学生計二六人が、携帯電話のメールを使い集団カンニングをしていたことが分かった、と報じられました。（「朝日新聞」、二〇〇二年一二月四日夕刊）

不正があったのは「ｅコマース概論」の試験で、試験終了後に、ほぼ同じ内容の不正解の解答をした学生が多数いることに担当教官が気づき、後に疑いのある学生を呼び出し、「正直に不正を認めれば処分は不問にする」と迫った結果、二六人が携帯メールで模範答案を送受信してカンニングをしていたことが判明しました。学生は今回だけは、反省文を書くことと同科目の単位を認めないことで不問にふされた、というのです。

大学の副学長は「携帯を時計代わりに机上に置いて試験を受ける学生も多く、携帯の持ちこみは厳しく対応していなかった。二度と起こらないよう学内に注意し、学生の自覚を促したい」と語っています。

二〇一一年三月四日に仙台の予備校生が逮捕されたと新聞などが報じました。この事件は、京大入試で試験時間中に入試問題をヤフー知恵袋に投稿し、返信された解答を写したという事件ですが、京大以外にも同志社大学・早稲田大学・立教大学を受験し同じようにカンニングしており、早稲田大学には合格していたというのです。机の下に携帯電話を隠し、左手で操作して投稿したそうですが、早稲田大学・同志社大学・立教大学ではカンニングが行われたことすら気づいていませんでした。

このように、カンニングはテストがある限り付随して起こる現象であって、完全に阻止することはできないのではないでしょうか。非常に短絡的にいえば、試験とカンニングは「セット」ともいえるぐらいで試験のあるところにカンニングありといえるかもしれません。もちろん、このようなことを学校では認められませんが、保護者としては、そのようにある程度のゆとりを持って考えて、息子さんの無実を信じることですが、学校の指導には従わざるを得ないでしょう。

カンニングと評価

かって、東京都高等学校教育法研究会（高法研）という研究会が、一九八〇年一二月一日「単位認定・進級判定に関する高法研見解」（「高法研見解」）を発表しています。その中で「試験の不正行為者に対する評価の場合」について、次のように提起しているので紹介しましょう。

試験の不正行為は試験ルールの違反であるから、ルール違反行為を生活指導面から懲戒処分の対象とする一方、教務上、当該教科試験を無効にするのは当然であろう。しかし、それ以上のマイナス評価にすることは、懲戒的評価となるおそれが生ずる。なお、当該試験が無効となっても、平素の成績から評価は可能である

第一に、試験実施全科目を零点とする場合それは、試験全科目をワンセットとみなしての措置と思われる。しかし、病欠などで一部の科目が受験できなくても他教科を零点としているわけではなく、全科目をワンセットとみなすことに無理があると思われるので問題が残る。

第二に、不正行為が発見された直後に出校が停止される場合、当該教科目はともかく、受験できなかった他教科については、追試験などの措置を講ずべきであろう。

カンニングで全教科零点にできるのか

この「高法研見解」について若干補足しておきましょう。まず、基本的な考えとして、カンニングは喫煙などと同じようにルール違反に対する生活指導的側面と喫煙などにはない成績評価という教務措置的側面の二面性があり、そのことの峻別を提起しています。したがって自宅謹慎などの懲戒処分はカンニングに対する処分であって、成績評価とは別に考える必要があるということです。そして学校教育法施行規則二七条は「小学校において、各学年の課程の修了または卒業を認めるにあたっては、児童の平素の成績を評価し、これを定めなければならない」としており六五条に中学校、高等学校への「準用規定」があるので、この「平素の成績」とは当然テストの点数のみではないため、カンニングを行なったテストは零点でもその学期の評定は必ずしも零点ではないということです。

次に多くの学校で生徒がカンニングを行った場合の措置として、大まかに分けると、①その教科のみ零点、②カンニングが発見された以後自宅謹慎などの懲戒処分が行われ、事実上受験できないのでそれ以後の科目は零点、③定期試験であればそのときの全教科・科目が零点の三種ぐらいに分けられます。

①の場合、テストは零点でも「平素の成績」を学期末の評定に加味する必要があります。②の場合は懲戒処分として自宅謹慎でテストは受験できなくても教務措置として追試などの救済措置を検討する余地があるということです。自宅謹慎はカンニングに対する措置であって、成績にも懲戒的要素を加味して評価することは二重の懲戒処分になります。③は①、②と同じ問題が当然あります。全教科零点にすることはすでに受験した科目を担当した教師の評価を一方的に破棄できるのかという問題が残りますので、当然、このようなカンニングに対する措置は職員会議などで全教職員の合意が必要です。しかし、合意されていてもその学期の間指導してきた教師の指導責任を一方的に無視できるのかという問題があり、少なくとも担当教師の意思確認を求めることは必要ではないかということです。このことは集団の決定に個人の意思は全く無視されて良いかのかという問題に連なります。

この「高法研見解」はかなり前にまとめられたものですが、今でも同じ問題があると考えています。当然、カンニングを行った生徒の権利など保障する必要はないと考える教師もいますが、あたかも「犯罪者」のごとく、あるいは見せしめによる抑止効果のために生徒の「権利」を剥奪することは、生徒が自分自身の権利認識を歪めてしまいます。はじめに述べたようにカンニングを完全に阻止することはできないし、試験があればカンニングは付随して起ります。そうであれば、学校も保護者も肩の力を抜いて生徒の学習権なども考慮して指導してほしいものです。

アルバイトは息子にとって意味がないのでしょうか

アルバイトが発覚して謹慎処分

息子一郎が在学している県立高校では、一応、校則でアルバイトを禁止していますが、息子はガソリンスタンドでアルバイトをしていました。そのことを担任の先生は一郎本人から打ち明けられて知っていましたし、生活指導部長も、そのガソリンスタンドを利用することがあり知っていました。しかし、お二人の先生はこの事を公にせず、学校が何らかの処分をするということはなかったのです。

ところが、一〇月に匿名で一郎がガソリンスタンドでアルバイトをしているとの電話連絡が学校にあり、一郎は無届アルバイトだということで三日間の自宅謹慎処分になりました。聞いたところ、二学期から無届アルバイトに対する処分を校長訓戒から有期の自宅謹慎に校則が改定されたことを息子は知っていたようですが、私は知りませんでした。息子は憤慨して、謹慎処分中もアルバイトしてやると言っています。親として、息子の気持ちも分かりますし、困惑しております。

「何をやりたいか分からない」

この問題で大切なことは、ご両親と息子さんがアルバイトについてどのように考えているかです。息子さんがアルバイトをすることについては、もちろん経済的理由などいろいろあるでしょうが、ここでは、これからの人生の進路を考えるうえでアルバイトという経験がどのような意味があるのか息子さんと一緒に考えてみることが必要でしょう。

多くの中学生、高校生の「やってみたい」職業を見てみると、身近に接する機会の多い職業やマスコミなどで目にする機会から、華やかなイメージを持ちやすい職業選択が多く、日ごろ、ほとんど接触したことがない職業を選択する生徒はほとんどいません。

したがって、サービス業的な職種が上位に位置し、生産に直接関わる職業には関心が薄いことがいろいろな統計から分かります。

いま、生徒たちが抱えている問題は「何をやりたいか分からない」「何をしたらいいのか分からない」という、目的意識が持てないことや自分自身の進路を自己決定できないことです。

君たちはどう生きるか

吉野源三郎が今から七〇年以上も前の一九三七年に書いた本に『君たちはどう生きるか』（岩波文庫）という表題の本があり、いまも岩波文庫のベストセラーになっています。この本は、中学二年生のコペル君が友達との間で起こった事件や悩みなどを叔父さんに相談しながら解決し成長していく物語ですが、今読んでもいろいろ考えさせられる本ですので、ぜひ読んでほしい本です。

この本で書いてあることは読んで頂くとして、ここで改めて、息子さんとお母さんに質問します。「君はどう生きるのか」と。大変難しい質問だと思いますが、でも、答えを探す必要があるでしょう。

まず、中学生の時、これからどんな大人になろうかと考えていましたか。きっと、自分の成績を見ながらどこの高校に入学できるかなどと考えていたと思います。そして、高校を卒業したら就職しようか、さらに大学や専修学校に進学しようかなど漠然と考えていたと思います。

専修学校へ進学しようと考えていた人は、その先自動車整備士、看護師、調理師など仕事の内容がある程度はっきりしていると思います。大学へ進学しようとしている人は、その先については漠然としているかもしれませんが、しかし、企業に勤めるか、教師になるか、弁護士になるかなど、とにかく生きるために働くということははっきりしているでしょう。したがって、多くの人は、学校を卒業してから、いずれ働くということは確かです。

ここで改めて聞きます。「君は何のために働くのですか」。きっと「当たり前だ、生きるためだよ。馬鹿にするな」と怒っている人もいるでしょう。では怒っている人にお聞きします。確かに生きるために働くのですが、その仕事の内容は何でも良いのですか。人を騙してお金を儲けるのも「生きるために働く」といえるのでしょうか。そこまでいかなくても、たとえば会社に就職する、大きな会社ほど安定していると誰しも考えるでしょう。でもその会社の行っている活動が人を殺すための戦争の道具だったらどうでしょうか。あるいは、そうではなくても、なんだかやっている仕事の意味が良く分からないで、毎日言われた通りにやらされるような仕事だったら、ただお金を貰うために一日働いていることになり、その仕事を毎日、毎日何年もできるでしょうか。

多くのサラリーマンが毎朝目覚まし時計に起こされ、ネクタイをし、満員電車に乗って会社に行く。この繰り返しを続けているときふと〝何のために自分はこの繰り返しに耐えなければならないのだろうか〟という疑問を持つといわれています。これは「食べるためだよ」という答えでは解決しない疑問です。そこで自分のやっている仕事の「意味」が大切になってきます。毎日コンピュータで数値を処理していて自分の仕事のことは良く分かっていても、その仕事が会社の中でどのような意味があるのかは分からないときを想像してみてください。

自分をもっと見つめたい

ここで、ある大学で教員免許を取るために勉強している学生が書いた文章を紹介します。

小学校のころから親に「勉強しろ！　勉強しろ！　いい大学に入って、いい会社に入るんだ！」とせかされ、毎日毎日勉強させられてきた。高校入試の時は夜遅くまで勉強していた。そのころは自分でも意識していなかったが、何のために勉強しているか全くわからないまま勉強していた。ただ、いい大学に入るためだけに、その後のことは全く考えていなかった。自分の最終目標は一流大学に入ることなのだと決め込んでいたような気がする。

高校は一応進学校だったためか、偏差値のいい大学に合格した人の名前を昇降口の前の掲示板に張り出していた。それを見て僕も一生懸命勉強して、よりレベルの高い大学のところに名前を載せようと思ったりもしていた。でも、実際に高三になり、受験を考えると逃げたいと思うところがあったのかもしれないが、「なぜ、勉強するのか？」と考えるようになり、将来何になりたいのかも決まらないのになぜ勉強するのか、そんな考えから二浪もすることになってしまった。

一浪でダメだった時点で僕はもう専門学校でもいいと思うようになっていた。たとえいい大学に入れなくても、何か手に職をつけられれば、この先何とかなるかもしれないと思えた。結局、高校の担任、親、友人に説得され二浪することになった。

正直なところ、現時点では自分が何になりたいかわからない。一応教職課程を取っているが教師になるかどうか分からない。もっと自分自身を見つめて、自分がどういう人間なのかを知りたいと思っている。

今までの小、中、高の学校生活の中で、もっと自分を見つめられる時間があったならば良かったかもしれないと思っている。


話はアルバイトから大きく逸れていると考えるかもしれませんが、アルバイトは一郎さん自身が働くということの意味を考える一つの機会にしてほしいのです。

アルバイトは親の保護監督の範囲

最後に、少し堅苦しくなりますが、親（親権者）と子ども（息子）のアルバイトをするときの法律上の関係を見ることにします。

民法第八二三条一項は「子は、親権を行う者の許可を得なければ、職業を営むことができない」とし、二項で、「親権を行う者は、未成年者がその営業に堪えない事由があるときには、許可を取り消し、又はこれを制限することができる」としています。

また、労働基準法第五八条第一項は「親権者は、未成年者に代って労働契約を締結してはならない」とし、賃金についても、親権者が、未成年者に代わって受け取ることを禁止しています。労働基準法第五八条第二項では、親権者は労働契約が未成年者に不利であると認める場合には、これを解除することができる、としているなどから分かるように、高校生のアルバイトは、法的には親権者に責任があり、許可するか禁止するかの判断は親権者であって、学校が許可するかとか禁止するとかいうことではないのです。

他方、学校が生徒の責任を持つ範囲は、「ｄｏｏｒ　ｔｏ　ｄｏｏｒ」といわれ、自宅の玄関から玄関までであり、家に帰ってからや日曜日や祝日などは、保護者に監督保護責任があり、学校の指導範囲ではなくなります。このように、家に帰ってからのアルバイトについて、基本的には学校が「口を出す」ことではないのです。

しかし、学校では、アルバイトをすると、疲れての遅刻や早退などの生活の乱れ、浪費、友人関係の乱れ等々学校生活に影響するので指導せざるを得ないと考えています。確かにそのような危惧は考えられますが、しかし、そのようなことは学校が全面的に責任を負うのではなく、保護者の協力なしには意味をなさないでしょう。

このようにみてくると、アルバイトを禁止し学校に登校させない自宅謹慎という指導は、根本的に間違っていると考えられませんか。

多くの学校での進路指導は、ホームルームなどで担任教師が個人的に指導しているのが現状です。本来の進路指導は、学校全体のカリキュラムに位置付け、教科指導はもとより生徒指導でも「進路指導」を視野に入れて指導することが必要なのでしょう。

多くの人が考えているような、ある意味決まった路線を歩んでいて、あらゆることについて自己決定したことがないということであれば、アルバイトを、自分で決める一つのチャンスにしてはどうでしょうか。

喫煙が見つかり退学処分とは

校則を厳しく改定

息子の高校では、これまで校則は、次のように規定されていました。

次にあげる行為、またはこれに類する行為をした生徒は謹慎・停学とする。

一万引、二窃盗、三喫煙、四飲酒、五不純異性交遊、六家出、七パーマ・脱色・染色、八交通違反（自動車・原付自転車）、九運転免許不正取得、一〇不正乗車・定期券の不正使用、一一暴力行為、一二薬物乱用（ボンド・シンナー吸引など）、一三その他

ところが、全クラス男女共学に移行したころから、喫煙する生徒が増加し、校庭やトイレに大量の煙草の吸殻が捨てられ、授業中落ちつきがなくなり、体調が悪いと言って授業を抜け出す生徒が続出するなど、集団教育秩序が著しく損なわれました。また、地域の住民や保護者から喫煙しているという通報・苦情が毎日のように寄せられ、多くの生徒の喫煙が発覚して謹慎処分を受けるようになりました。

これに対し、学校では学年集会や校内巡回、ＰＴＡの補導委員会と共同で、通学路の立番や校外の巡回などを行いましたが、喫煙する生徒が後を絶たず、反対する先生もいましたが、やむを得ず校則を喫煙一回で自主退学勧告にすることを規定することになったというのです。事情は分かりますが、このような校則は、あまりにも理不尽ではないでしょうか。

未成年者喫煙禁止法とは

根元的問題は、未成年者の喫煙と校則の関係でしょう。周知のように、未成年の喫煙を禁止しているのは、「未成年者喫煙禁止法」です。高校生の喫煙は、この「法律」に違反しているからいけないと、多くの保護者、生徒は考えています。そこで、「未成年者喫煙禁止法」について、まず、みることにしましょう。

この法律は、いまから一一〇年以上前、一九〇〇年（明治三三年）に制定されましたが、二〇〇〇年一一月に改正され、二〇〇一年一二月に再改正されています。そこで、改正された「法」をみましょう。

第一条　満二十年に至らざる者は煙草を喫することを得ず
第二条　前条に違反したる者あるときは行政の処分を以って喫煙の為に所持する煙草及び器具を没収す
第三条　未成年者に対して親権を行う者情を知りて其の喫煙を制止せざるときは科料[*1]に処す（これまでの科料の金額「一円以上」が削除された）
二　親権を行う者に代わりて未成年者を監督する者亦前項に依りて処断す

第四条　煙草又は器具を販売する者は満二十年に至らざる者の喫煙の防止に資する為年齢の確認其の他の必要なる措置を講ずるものとす（この条文は二〇〇一年一二月に追加された）
第五条　満二十年に至らざる者に其の自用に供するものなることを知りて煙草又は器具を販売したる者は五十万円以下の罰金[*2]に処す（これまで「一〇円以下」だったのを五〇万円に変更）
第六条　法人の代表者又は法人若は人の代理人、使用人其の他の従業員が其の法人又は人の業務に関し前条の違反行為を為したるときは行為者を罰するの他其の法人又は人に対し同条の刑を科す（この条文は二〇〇〇年一二月に追加された）

＊1 科料とは、一〇〇〇円以上一万円未満の金銭を払うことを求められる刑罰（刑法一七条）。刑罰の中では最も軽いものです。
＊2 罰金（刑法一五条）は刑罰の一種で、原則として一万円以上（上限なし）のお金を取られます。五〇万円以下の罰金は執行猶予がつく余地があるのですが、科料の場合はつきません。また、罰金の場合は、前科となり、就職などにもひびいてきます。
こうした罰金や科料の支払ができない場合は、労役場での留置（刑法一八条）といった処分が待っています。

喫煙は、校則で禁止しているのです

「未成年者喫煙禁止法」はこのように改正されましたが、喫煙した未成年自身を処罰の対象にはしていないで、「科料の対象」は「親権者」と「未成年者を監督する者」です（第三条）。次に、新たに加えられた「年齢の確認」（第四条）により二〇〇八年七月以降、taspo（タスポ）による成人識別を行っています。

このように、この法律は、満二〇歳未満の者（未成年者）の喫煙を禁止（第一条第一項）。そして、未成年者の親権者（両親）や監督代行者に対して、未成年者の喫煙を知った場合に、これを制止する義務があり、怠った場合は一万円未満の科料が科される（第三条）。未成年者にタバコを販売した者は五〇万円以下の罰金が科される（第五条）のです。「未成年者飲酒禁止法」も内容は同じです。このように、タバコ、酒で罰せられるのは、「大人」であって、生徒など未成年者自身ではありません。多くの学校で、校内外での生徒の喫煙や体育祭の「打ち上げ」や部活動での優勝祝賀会での生徒の飲酒には、懲戒処分を行うことがあります。しかし、「未成年者喫煙禁止法」と「未成年者飲酒禁止法」を素直に読むと、学校が処罰できるのか疑問が起こります。それに、家での喫煙や飲酒は保護者の責任で、辞めさせなければ保護者が科料を払うことになります。

このように、確かに「法」は、二〇歳以下の喫煙・飲酒を禁止していますが、未成年者自身には罰を科していないのです。ところが、高校では、校則で生徒の喫煙、そして飲酒を処罰しています。校則をそれぞれの学校で決めますので、非常に厳しい校則、息子さんの学校のように自主退学勧告という学校もあれば、訓告で済ませる学校もあるというように学校の裁量で判断しています。

退学処分は違法

ここで、喫煙で処分された裁判事例をみてみましょう。A君はK大学付属高校の三年生ですが、大学入試センター試験受験のため宿泊していたホテルで喫煙していたのを担任の先生に見つかり、校則に違反したということで自主退学を勧告されました。繰り返しますが勧告を受けたのです。しかし、A君は、すでにK大学法学部の推薦入学試験に合格していて三月の卒業を控えていたことから、この勧告に従いませんでしたので、今度は、勧告ではなく強制的に退学させる退学処分を受けることになりました。それに対してA君（原告）は、①退学処分は無効。②自主退学勧告及び退学処分によって精神的苦痛を受けるという不法行為に基づき一〇〇万円の損害賠償を請求。③高校（被告）との在学契約が継続していることを前提にして、卒業認定及び卒業証書の授与の請求。④K大学法学部に在学していることの確認。などを求めて裁判に訴え、さらに、A君が宿泊していたホテルの部屋の電話を教師が無断で使用し、その電話代一七五円を支払わなかったとして不当利得返還請求権に基づき電話代の返還も請求したという事件です。

判決は③④については請求を棄却していますが、退学処分の無効にかかわる①②はA君の主張を容認して「改善の見込がなく、同人を学外に排除することが社会通念からいって教育上やむをえないとは認められないから、本件退学処分は、社会通念上合理性を欠き、校長に懲戒権行使にあたっての裁量の逸脱が認められ、本件退学処分は違法というべきである」（大阪地裁、一九九五年一月二七日・大阪高裁、一九九五年一〇月二四日、いずれも「判例時報」一五六一号）と判示しています。このように裁判では、一回の喫煙での退学処分は違法だとしています。

この裁判例から見れば、息子さんに対する学校の指導は疑問がありますし、また「未成年者喫煙禁止法」について校長先生の考えを聞いてみてはどうでしょうか。

校長先生からしばらく学校を休むように言われましたが

いたずら書きをして

うちの息子は市立中学の三年生です。いたずら好きで困っています。その息子が、こともあろうに、日曜日に校舎内に無断で入り、学校紹介用のパネルに張ってあった校長の写真を複写し、それをコピーした写真にひげなどのいたずら書きをし、面白がって校内掲示板に張ったり友人に配ったりしました。月曜日、校長がこのいたずら書きを知ったようで、副校長から電話があり、「出席停止にしますので、しばらく自宅に待機していてください」と言われました。父親も驚き、PTAの会長さんに電話したところ、「私にはよく分からないので教育委員会に電話しなさい」と言われました。

そこで、教育委員会に電話してみましたところ、「早速、校長に事情を聞いてみますが、もしお父さんのお話のようでしたら、違法な指導なので校長と話し合ってみます」という返事でした。翌日、副校長から電話があり、「明日から登校してください」とのことでした。しばらく休むようにと言っていたのに、なぜ急に取り消されたのか説明もありません。子どもも登校できるようになったので喜んでいますし、反省もしているのですが、親としてはどうも納得できません。

出席停止という制度

この事件では、校長の頭の中には「出席停止」という制度のことがあり、校長の独断で登校禁止にしたのでしょう。そこで、この「出席停止」という制度についてみることにします。

この制度は、小学生と中学生に適用されるものですが、学校教育法第三五条に規定されています。その内容は、市町村教育委員会は、「性行不良であって他の児童の教育に妨げがあると認める児童があるときは、その保護者に対して、児童の出席停止を命じることができる」とされています。文部科学省がまとめた『生徒指導提要』（二〇一〇年）では、「この制度は、出席停止を命じる児童生徒本人に対する懲戒という観点からではなく、学校の秩序を維持し、他の児童生徒の義務教育を受ける権利を保障するという観点から設けられています。公立小中学校において、他の児童生徒への暴行や授業妨害などの行為を繰り返し行う児童生徒がおり、学校として最大限の努力を行っても解決せず、他の児童生徒の安全や教育を受ける権利が保障されないと判断される場合、学校は出席停止の適用について積極的に検討する必要がありま す」と説明しています。したがって、息子さんの行為は、他の生徒への暴行や授業妨害などを繰り返し行っているわけでありませんから出席停止の要件に当てはまらないので、校長は教育委員会から出席停止にはできないと注意され、息子さんの登校禁止を取りやめたのではないかと思います。そこで、もう少しこの制度についてみることにします。

学校教育法第三五条の足跡

出席停止の法律上の根拠は、戦後は学校教育法第二六条に規定されていましたが、二〇〇一年に改訂され、現在は第三五条です。この規定は、一九〇〇年（明治三三年八月一〇日）に出された小学校令（勅令）第三八条には、「小学校長ハ伝染病ニ罹リ若ハ其ノ虞《おそれ》アル児童又ハ性行不良ニシテ他ノ児童ノ教育ニ妨アリト認メタル児童ノ小学校ニ出席スルヲ停止スルコトヲ得《う》」としています。そして、戦後になって、学校教育法第二六条は、制定当初「市町村立小学校の管理機関は、伝染病にかかり若《も》しくはその虞のある児童又は性行不良であって他の児童の教育に妨げがあると認める児童があるときは、その保護者に対して、児童の出席停止を命ずることができる」となっていたのを一九五八年に「伝染病に……」の部分が学校保健法第一二条に移され、「市町村の教育委員会は、性行不良であって他の児童の教育に妨げがあると認める児童があるときは、その保護者に対して、児童の出席停止を命ずることができる」となりました。これによって、第二六条は「性行不良」のみに限定され、さらに、二〇〇一年七月、学校教育法は次のように改訂されました。

市町村の教育委員会は、次に掲げる行為の一又は二以上を繰り返し行う等性行不良であって他の児童の教育に妨げがあると認める児童があるときは、その保護者に対して、児童の出席停止を命ずることができる。

一、他の児童に傷害、苦痛又は財産上の損失を与える行為。二、職員に傷害又は苦痛を与える行為。三、施設又は設備を損壊する行為。四、授業その他の教育活動の実施を妨げる行為。

市町村の教育委員会は、前項の規定により出席停止を命ずる場合には、あらかじめ保護者の意見を聴取するとともに、理由及び期間を記載した文書を交付しなければならない。——中略——

市町村の教育委員会は、出席停止の命令に係る児童の出席停止の期間における学習に対する支援その他の教育上必要な措置を講ずるものとする。

このように、学校教育法第三五条は、①出席停止要件の明確化②手続き規定の整備③出席停止期間中の学習などの支援措置を講じることなどを内容として改訂されたのですが、その後、公立小・中学校で出席停止の措置が取られた件数は、全国で二〇〇七年度は四〇件、二〇〇八年度は四六件です。内訳は、小学校一件、中学校が四五件で、中学校の学年別にみると、一年生五件、二年生二八件が最も多く、三年生は一二件です。

出席停止にした理由としては、対教師暴力、生徒間暴力、対人暴力、器物破損の暴力行為を主たる理由とするものが多数を占めています。

このようにみてくると、先ほどの事件で校長の登校を禁止するという措置は、「出席停止」的措置でありながら、その要件を満たしていませんから、違法な「出席停止」ということになります。そのことから、学校は急遽登校禁止を取りやめたのでしょう。

しかし、実際には、このようなある意味では「違法」な「出席停止」が行われ、そのことが文部科学省の統計上の出席停止件数が少なっている要因なのではと考えられます。

出席停止にするとき

この出席停止という制度について、若干のコメントをしておきます。まず、出席停止が行われたとき、その期間中の「子どもの教育を受ける権利」がどのように保障されるかという課題があります。出席が停止されている間は、学校の教育責任がなくなるわけではありません。

しかし、学校の指導の限界を超えた子どもを緊急避難的に出席停止にすることについて、教師の中には、子ども達が「学校や教師のあり方に不満があるのはわからないでもない。しかし、それを表現するのに、どんな手段、方法をとってもよいというものではない。それを教えるために、毅然とした態度を取ることこそ必要であり、施設や備品を勝手に壊したり、他人の学習権を妨害したりした責任をとらせるのは当然だ。今は、自由をはき違えたり、自分だけの権利主張をしたりするなど、社会人としての欠陥行為に対して、親も地域も学校までも甘過ぎる」というような意見もあります。また、「キレた子どもを排除することは教育放棄だとする意見は、同じ教師の中にもある。しかし、荒れ狂う生徒の学習権を侵さないために、他の多数の生徒の授業を受ける権利の妨害を許してしまってよいのかという問題に直面している者にとって、『教育放棄をすべきでない』は、理想論としか思えない」という考えもあります。したがって、保護者にとって望ましくない措置ですが、ただ単に、不当な指導だと主張するだけではなく、このような教師の主張も考慮する必要があります。

先ほど紹介した学校教育法第三五条は「市町村の教育委員会は、前項の規定により出席停止を命ずる場合には、あらかじめ保護者の意見を聴取するとともに、理由及び期間を記載した文書を交付しなければならない」としています。このことは、もし、出席停止になったときには、親として学校の説明を聞き、なぜ出席停止にするのか、それ以外の指導は考えられないのかなどを聞く必要があるでしょう。そのうえで出席停止という措置に親として「合意」したら、今後の子どもの指導について教師と相談することが大切です。

いじめを先生が気づいてくれません

シャープペンシルが刺さって

わが子が同級生からいじめられているにもかかわらず、学校がなにもしてくれないことに思いあまって母親が裁判に訴えた事件を紹介しましょう。まず、どのようないじめがあったのか、母親からの訴えを聞くことにします。

Ａ君は広島県に住む中学二年生で、加害生徒のＪは同じクラスで、やはり加害生徒のＤ、Ｇ、Ｍは放送部で放課後などは親しく一緒に行動することが多かったようです。Ｊは、授業中やホームルームの時間などに、Ｒと共に、Ａ君の消しゴム、ボールペン、シャープペンシルなどの文房具を奪うことを繰り返していました。そのことを担任はじめ二年生担当の教諭の多くは気付かず、また、気付いても何の注意もしなかったのです。

ある日、二人がまたしてもシャープペンシルを取ろうとしたので、取らせまいとして妨害しようとしたところ、その拍子にシャープペンシルの芯が手のひらに刺さり、芯が折れて、手のひらに芯が残ってしまいました。その日の夜、母親が手のひらにシャープペンシルが刺さった痕に気付いたので、Ａ君は、二人が文房具を壊したことやシャープペンシルの芯が手のひらに刺さった経緯を話しました。翌日、母親は担任を訪れ、二人が壊した文房具を見せながら、二人の行為を伝えました。担任は、その日の放課後、A君と二人を呼び出し、事情を聴いたところ、Jは、最終的に、手のひらにシャープペンシルを刺してしまったのは自分であることを認めたので、担任教諭は、二人に、今後、授業中にふざけることや鋭利なものでふざけることはやめるように注意するとともに、二人の両親に電話し、両親からも注意をしてほしいと話しました。

しかし、その後も、A君の首を絞める、蹴るなどの暴行は執拗に続けられ、一度、階段の踊り場で、「奇襲攻撃」と言いながら、首を絞めた時、その場を偶然通りかかったZ教諭が、「あぶないじゃろうが」と注意することがありました。しかし、Dたちは、そのような暴行行為を教師には分からないように隠れて行っていたのではなく、教師が横を歩いたりしていても構わずに暴行を行っていました。

万引きを強要

さらに、この事件の経緯をみることにします。Dは、A君にゲームソフトの万引きを煽り、その数日後、「自分も万引きするから、先に『ジェットでGO2』を盗ってきてくれ」などと言って、万引きを誘いました。A君はこの誘いに乗りゲームソフトを万引きしましたが、次の日、DはA君宅を訪ね、そのソフトで遊び、そのまま持ち帰ってしまったのです。

また、A君はDに誘われ、ゲームソフト「ザ・警察官」を万引きしました。ところがDは、「ゲーム店に行って店員にAが万引きしたことを知らせた。その代金を代わりに払った」と話し、その立替金の支払を求めるようになったのです。その支払を拒むと、首を絞めたり、教室の黒板や図書室のホワイトボードに、A君が万引き少年であるなどと書いたり、JやGも「万引き少年」と言ってはやし立てたりしました。その後、Dはゲームソフトの代金を支払うよう要求し、「支払わなければ警察に告げる、利子がどんどん増えていく」などと言い、これを断ると、首を絞めるなどし、J、G、Mもこれに加勢したのです。

A君はその日から登校できなくなり、ショベルカーの男が自分を殺しに来るという妄想を覚えるようになりました。家から出られなくなったので、母親が医師から薬剤の処方を受け服用しましたが、家の中のそこらじゅうに敵が潜んでいるというような妄想に襲われるようになったので、母親は勤務（臨時保育士）を辞めることにしました。

卒業し、四月になってからも

夏休みが明けて、A君は登校しましたが、その二日目、加害生徒たちが揃っているのを見て現実感を失い、幻を見ているような異常な感覚に襲われ登校するのを止めました。それ以降、登校せず家にいて、母親に自分がいかに虚しいかを語り、このような日が続いているうちに精神科医の診察を受ける気持にもなり受診しました。その後、まばたきがひどくなりしばらく自然な表情ができなくなりました。

卒業し四月になってからもJは、家の前で「Aは万引きをしましたー」などと大声で言って嫌がるのを面白がったり、ボールをぶつけるなどしたので、A君は、再度不眠状態になってしまったのです。

このような一連のいじめに対して学校からは何ら指導してもらえなかったので、A君と両親は加害生徒たち四人とその保護者に不法行為に基づいて損害賠償金を請求しました。また、中学校の教師がいじめ行為を早期に発見し、かつ適切な措置を講じてこれを防止する義務があったにもかかわらず、これを怠り、その結果、多大な精神的苦痛を与えた、この職務懈怠は国家賠償法第一条の違法行為にあたるとして、広島市と広島県に、それぞれ、A君に対し各自一一〇〇万円、父親に対し各自五六七万七六六五円、母親に対し各自九五〇万五五四〇円の損害賠償金の支払を求めて提訴しました。

いじめを疑わせる端緒があったのに

この裁判で、広島地方裁判所は、加害生徒の行為はいずれも不法行為にあたるとして、生徒自身の加害責任を認めています。

教師の責任については、A君へのいじめは、教師の目が届くところで行われていたのであるから、教師、少なくとも担任教諭は、いじめを認識することができたし、手のひらにシャープペンシルを刺してしまった事件などからいじめを疑わせるに十分な端緒があった。中学二年生になってから遅刻が多くなったこと、父親から、遅刻が増えた原因について学校で何かあったのか注意してみてほしいと告げられているので、このように、生徒に遅刻が急に増えた場合、教師としてはその生徒に何か起きたと考えるべきであり、いじめもその原因の一つとして考えるべきであったといえる、と裁判所は判示しています。

したがって、担任は、加害生徒たちに厳しく指導したり、その保護者らに連絡し適切な防止措置を講じるべきであったのに、「担任は、じゃれ合い程度のものと捉え、そこに暴力行為や嫌がらせ行為などのいじめが存在しないかを注意深く観察することなく、漫然と事態を傍観していたのである。そのため、担任教諭が、教員同士や教員と生徒、教員と保護者との間で報告や連絡、相談などをしたり、加害生徒たちやその保護者に対していじめ行為をしないように注意したり、Aから個別に事情を聴いたりするなどの指導監督を行うことはなかったのであり、この点で、担任教諭は、教師としてなすべき義務を怠った過失があり」違法行為にあたるとして、担任教諭を雇用している広島県と広島市は賠償責任を負う、と判示しています。

学校からの連絡を深刻に受け止めず

他方、加害生徒の保護者の監督義務については、担任はDの問題行動について両親にも逐次知らせていたので、両親はDがいじめをしていることを予見することが可能であった。したがって両親は、その時から折に触れて、いじめを決してしてはならない行為であることをたびたび言い聞かせるとともに、「担任教師等と連絡を密に取って加害生徒の学校内での生活ぶりを聴取し、問題行動とみられる行為があればこれを制止し説得するなどの措置を講じる義務を負っていた」。ところが、母親は、「当時担任教諭から何の注意も受けていない」と裁判で供述をしており、Dの両親は担任教諭からわが子の問題行動についての連絡を受けても、これを深刻に受け止めず、わが子がいじめを行う危険性があることを理解せず、「教育・監督の措置を講じることなく漫然と過ごしていたものと推認される」。したがって、Dの両親には、子に対する教育、監督義務の違反、懈怠があったので、賠償責任を負うと判示しています。

加害生徒のJとGの両親、Mの母親については、「予見することが可能であったことを肯認するに足りる証拠はない」として責任を科していません。

この事件で裁判所は、加害生徒Dとその両親、加害生徒G、J、広島市、広島県は、A君に各自六六〇万円、父親に各自六万三二九九円を、母親には各自一三三万一六六二円の支払を命じています。加害生徒Mには、A君にのみ三三万円の支払を命じています（広島地裁、二〇〇七年五月二四日、「判例時報」一九八四号）。

親と子、先生と生徒の「絆」の大切さ

この事件で裁判所は、加害生徒全員、Dの両親、担任教師など関係者すべてに責任を科し、特に、担任教師、Dの両親には、いじめに対する方策をとらなかったことについて厳しく指摘しています。このような裁判所の判断には首肯できますが、このような問題について裁判という場で争わなければ責任が明確にできなかったところに、学校教育のより深刻な問題があるのでしょう。

他方、A君は、Dから花火大会に誘われたり、サイクリングに誘われたりした際、万引きのことを親に言われないかと不安になり逡巡しますが、結局参加しています。このように、万引きを親に知られることに「恐怖心」を抱えていたことが伺われますが、A君と親とのコミュニケーションが十分取れていれば、この事件はある程度回避できたのかもしれません。親と子のコミュニケーションの大切さをこの事件から学ぶ必要があるでしょう。

『生徒指導提要』（文部科学省、二〇一〇年）は、少年非行の指導で「親と子、教員と児童生徒の『絆』の大切さ」を指摘していますが、いじめでもやはりこのような「絆」は大切です。一九六五年にまとめられた『生徒指導の手引き』（文部省）は、家庭教育について、「家庭は、学校教育の基礎をつくるところであるともいえる。その中でも家庭は、特に情意の面の陶冶や習慣形成にその重要な役割があるといえよう」

（二二七頁）としたうえで、子どもの教育について、様々な考えの保護者がいるが、「今日、家庭本来の教育的使命をあらためて考えることが、生徒指導上からもきわめて重要であるといえよう」と指摘し、生徒がおかれている家庭は、いろいろ複雑ではあるが、「生徒を理解し指導するためには、どうしてもその生徒の属している家庭をよく理解することが必要となってくる」。しかも、一般的に、問題行動を起こしたりする生徒の保護者は学校に足が向かないが、「教師が積極的にはたらきかけ、こどもの指導において保護者と協力しあうことこそ教師の責務であることを、保護者に理解してもらうようにすることが大切である」（二二九頁）と述べています。

また、保護者として担任の先生に、学級・ホームルームだよりの発行、保護者会や親子懇談会の開催、保護者との個別面談、家庭訪問、父親懇談会などを積極的に開き、「絆」をきめ細かく作るよう強く要求することも大切です。さらに、この事件を含めて一般的に、いじめ事件では、わが子の異常を感知したら、親は、まず担任の先生に何度でも詳しく話す必要があります。それでも何らの措置がとられないようでしたら、校長先生、養護の先生など思いつくすべての先生に訴える必要があります。それでも埒があかなかったら、教育委員会に訴えたり教育相談所などの外部機関に相談するなど、自分だけで解決しようとせずにあらゆる措置をわが子のためにとる必要が当然あります。

二〇一三年六月二一日に「いじめ防止対策推進法」が成立し、いじめについて法律で規制することになりましたが、その三「基本的施策」の（三）では、いじめを受けた生徒の保護者への支援、加害生徒の保護者へは助言を規定しています。しかし、保護者への「支援」や「助言」だけでよいのでしょうか。強く疑問が残ります。

退学しなさいと言われましたが、どうしたらよいのでしょうか

頭髪を掴んで退学処分

娘が通う私立高校は、「明《あか》く、浄《きよ》く、直《なお》く」を校訓とし、「新入生の手引き」には、「犯罪行為や、集団生活を乱す行動についてはきびしく指導します。下記の事項には特に注意してください」と記載され、その中の一つとして、「暴力行為」が記載されています。

娘は三年生ですが、昼休みに近くの教室で、二人の友だちが口論をしていることを聞き、その教室に行きました。その一人、P子が、Q子に嘘をついたことを非難すると、Q子は否定して手で机を叩いたり、地団駄を踏んで抗議をするなどしていたようです。そのようなQ子の態度に腹を立て、うちの娘が椅子から立ち上がってQ子の頭髪を掴んだところ、近くで見ていた友達が後ろから肩を抱えるなどして制止したため、Q子の頭髪から手を放しました。

そのまま自分の教室に戻り、五時限目の授業の終了後Q子に謝罪しましたが、翌日、Q子の母親から、うちの娘から髪の毛を引っ張られ、頭を机にぶつけられたという抗議があり、担任教師が一緒にいたP子からも事情を聞いたようです。

その翌日、校長は関係者会議を開き、今回の暴力行為に関する経緯について、うちの娘が加害

者であり、Q子が被害者であると判断し、その日、臨時の生活指導部会が開催され、そこでは、うちの娘が一方的にQ子の頭髪を掴んで引っ張ったとして、退学処分とするとの処分原案が作成され、退学処分になりました。いくら学校の教育指針に反するからといって、私たちの話を聞いていただけずに退学処分となり、本人はもとより親も困惑しております。どうにかならないものでしょうか。

自主退学と懲戒退学

中途退学には、卒業せずに自分から学校を自主的に辞める自主退学と、懲戒処分として学校から強制的に辞めさせられる懲戒退学（退学処分）があります。

自主退学は、生徒とその保護者（または保証人など）の連名により退学願が出され、学校で審議した後に、校長から許可されることによって退学することになります。

他方、懲戒退学（退学処分）は、学校教育法施行規則第二六条第二項「懲戒のうち、退学、停学及び訓告の処分は、校長（大学にあっては、学長の委任を受けた学部長を含む。）が行う」として退学を規定しています。

ただし、公立の小学校、中学校（公立の中学高校併設型中学校を除く）である義務教育では、懲戒退学とすることはできません（学校教育法施行規則第二六条第三項）。ただし、他の学校へ転学する場合や、学齢（満一五歳に達した日の属する学年の終わり）を超過しかつ本人の希望がある場合などに退学の扱いとなることがありますが、懲戒としての退学処分を行うことはできません。一方、私立学校では、懲戒退学処分を受けたとしても公立学校に転入することが可能であることから、懲戒退学処分も認められています。「転校勧奨」などの名称で、退学に等しい処分が行われる場合もあります。ただ外国人の場合義務教育の対象者に当てはまらないため、退学届を提出したら受理されることもあるのです。高等学校では、懲戒退学が行われますが、多くの事例が自主退学勧告で、これは、学校が、直接退学処分にするのではなく生徒自身が「退学願」を提出して退学するよう学校が「勧告」するのです。これには様々な問題があり、いろいろな事例が裁判で争われています。

高校では、実際には懲戒退学や自主退学勧告などで強制的に中途退学したのに「進路変更」による自主退学であって、「転校」として処理し、中途退学として扱わないことがあり各種統計で退学者の人数にはあがらないこともあります。時には、無期限停学にして出席日数が足らずに留年、そして退学させるケースにつながることもあり、「強要罪」が適用されるような事例もあります。

一九九〇年代以降、特に私立学校では、保護者の倒産や失業、リストラなどで学費が払えずにやむなく退学するケースが増えています。また、スポーツ推薦で入学しましたが、思うような結果が出せなかったり、激しい練習などでからだ体を壊し在学できず退学している生徒もいます、高校野球の特待生が、入学時に約束されていた奨学金が廃止になり学費が払えずに退学するという事例もあります。このように、高校生の中途退学をめぐっては様々な問題があります。ここで、少し過去になりますが、裁判になった退学をめぐる事例を紹介します。

明日から学校に来なくてもよい

広島県立高校の生徒A君は、一九八〇年一一月二一日、音楽の授業中、音楽担当のI先生を殴打しました。そのため先生は口内出血し、口内を二、三針縫合する傷害を受けました。その日、A君は校長室に呼ばれ、校長から「自宅にいるように、明日から学校に来なくてもよい」と言われました。四日後の二五日、担任の先生がA君に「今日の職員会議で退学が決まった」と知らせ、「学校側で退学処分を出すと、就職の時に不利なので、退学願を出すように言われた」と説明しました。

翌日、A君と母親は校長から「就職するのなら相談にのってあげます。夜間学校に行くのならその手続をしてあげます」と言われ、その時、退学願に署名捺印し、校長に渡しました。

翌月の一〇日、A君の代理人（弁護士）が、退学願の撤回書を校長に手渡し、校長は退学願を白紙撤回することを認めましたが、その際、校長から、「職員会議によって決まったことだから、学校に戻ってもらうわけにはいかない。本人のために、就職、夜間高校への進路を相談したい」と言われました。

その後も、電話で母親に「進路変更の話し合いをしたい」と申し入れ、その月の二五日には代理人（弁護士）にも「進路変更について積極的に話し合いたい」と申し入れてきました。

このような経緯の中で、A君は、①学校は授業を受けることを妨害してはならない。②退学届けを返還せよ。③就職、夜間学校への進路変更を強制してはならない。などを求めて仮処分申請をしたという事件です。

「家の方で反省してください」は停学

このようなA君の訴えに対して、裁判所は次のような理由で申請をいずれも却下しています。

①については「『家の方で反省させてください』との言及を受けたため授業を受けられない状態にあるものである。右の言及は、登校して授業その他の学校施設を享受ないし利用することを禁止するものであって、その実質的内容は停学と異らず、公権力の行使にあたる行為というべきである。従って、これについては、行政事件訴訟法第四四条（行政庁の処分その他公権力の行使にあたる行為については、民事保全法に規定する仮処分をすることはできない。）の規定により、民事訴訟法に規定する仮処分をすることができない。授業を受けることの妨害の排除を求める申請は不適法という外ない」とし、②・③については「相手方校長は、退学届を返還していないが、その撤回を承諾しており、申立人がその返還を本訴によることなく仮処分によって求める必要性があるとの疎明はない。相手方らが申立人に対し就職ないし夜間高校への転校を強制したことの疎明はなく、昭和五六年一月六日以降その旨の話合いをしたこともなく、また、申立人としてもそのすすめに応ずる気は全くないのであるから、その強制の排除を求める仮処分の必要があるとは認められない」としていて、A君の申請をいずれも却下しています（広島地裁、一九八一年一月一六日「中学・高校生に関する判例と解説」『月刊生徒指導』一九八三年一月増刊号・学事出版）。

裁判所のこのような判断が、はたして妥当なのかという疑問が残りますが、ここではこのような曖昧な説明で登校を禁止した学校の措置を実質的には停学としていることについて検討します。

停学なのか、自宅謹慎なのか

学校教育法第一一条は「校長及び教員は、教育上必要があると認められるときは、監督庁の定めるところにより、学生、生徒及び児童に懲戒を加えることができる。ただし、体罰を加えることはできない」と規定されていて、それぞれの先生は「教育上必要があると認められるとき」には生徒を叱ったり、立たせたり、教室か出したりして、いわゆる懲戒を当然行うことができます。このような懲戒を「事実上の懲戒」とよび、それとは別に、学校教育法施行規則第一三条（②懲戒のうち、退学、停学及び訓告の処分は、校長がこれを行う）で定められている「退学、停学、訓告」のいわゆる「法律上の懲戒」があります。この法律に基づく懲戒である停学を行うと、指導要録の「出欠の記録」の欄に停学の日数を忌引きの日数などと同じように授業日数から減じなければなりません。したがって、ほかの生徒と「出席しなければならない日数」が異なり、しかも、その理由が備考欄に記載されていれば、そのことが指導要録に後々まで記録され、いわゆる生徒の「履歴に傷が付く」ということと、さらに、停学の日数、期間、その理由など、教育委員会へ「懲戒の報告」を行う義務があるので、多くの高校では生徒の将来にとって不利益になるということから、実質的には停学であるが、指導要録に停学であることを記載せず、単に欠席扱いとし、教育委員会へも届けないで生徒指導措置としての自宅謹慎という処分が行われています。したがって、実際には強制力のない生徒指導なのに、強制力のある「停学」として自宅謹慎が行われているために、「事実上の懲戒」なのか「法律上の懲戒」なのか明確ではなく強制力のない生徒指導と強制力を伴う「法律上の懲戒」が混在した処分が行われています。懲戒でありながら生徒指導として扱うことから「特別指導」などと呼ばれているのが高校での一般的な状況です。

このことが、今回の裁判のように曖昧な中での停学が行われた要因であって、そのことを考慮しないで、公権力の行使だから民事訴訟法に規定する仮処分はできないという裁判所の判断は疑問が残ります。

加害生徒の権利は

この事件は、学校はA君を退学させるが、学校が強制的に退学させる退学処分ではなく、A君が退学願を提出して自主的に退学させたかったことは明らかです。学校の目的は退学処分ですが、学校は手を出さずに自分で学校を去ってもらうために、校長は「職員会議によって決まったことだから、学校に戻ってもらうわけにはいかない」と言っているのでしょう。このように自宅謹慎（停学）が退学処分の手段に利用されるところに、まず問題があります。

それと、校長が「自宅にいるように、明日から学校に来なくてもよい」と言って、自宅謹慎にしています。それに対して、A君は弁護士を通して校長に退学願の撤回書を手渡していますが、このような法律上の懲戒処分に対しては、弁護士などに依頼しないでA君と保護者自身に弁明の機会や異議申立の権利が保障される必要があります。この事件のように内容が教師に対する暴力で、事件そのものがある意味でははっきりしていますが、生徒間の暴力事件や窃盗事件など事件そのものの全容を明らかにすることが難しいときには、特に生徒や保護者の意見を充分聞き反論の機会が保障される必要があります。

第2章　わが子の思いがけない行動での悩み

不登校になったのは親の責任だと言われましたが

噂を聞いて

小学校卒業を機に、一年半前に単身赴任で先に転勤していた夫のもとに娘と転居したのですが、五月のゴールデンウィーク明けから学校に行くことを渋るようになり、今は、前日の晩には次の日行くことを約束するのですが、朝になるとどうしてもグズグズとして、なかなか床から出ることなく、お腹が痛くなってみたり、頭が痛くなってみたり、気持ち悪くなってみたりと、学校に行けなくなり不登校になってしまいました。特に学校、勉強、友人関係で強く悩んでいるわけでもなさそうで、どうやら、ホームシックと申しますか、元の場所を遠く離れてしまったことに強い不満があるようなのです。この先、無理にでも学校へ連れていって、現在の環境に慣らしていくべきか、家で、本人が行く気になるまで待てばよいのか、担任の先生とも密にコンタクトはとっているつもりなのですが、この先、心配です。娘は人見知りしない社交的な方なので、十分こちらでもやっていけると思っていましたが、困惑しています。さらに、直接ではないのですが、不登校は親にも責任があると言っているということを聞き、より困惑しています。どう考えたらよいのでしょうか。

不登校での親の責任

不登校は、教師にとっても保護者にとっても深刻な問題です。解決の視点として、学校の対応はもちろん重要ですし、学校外の機関の援助も重要なことは、あらためて指摘する必要はありませんが、保護者自身の教育責任もあるでしょう。

もちろん、父親が息子を虐待していたとか、母親が始終ヒステリックに子どものできないこと、不得手なこと、眼につくところを責め立てていたなど、親にその要因があることがあります。担任教師やクラブの顧問が子どもを怒鳴り散らす先生でかなり被害にあっている子どもがいたり、勝手な理由で気に入らないクラスやクラブの子どもを怒鳴り、その子の親や関わりのない他人まで他の子どもたちの前で侮辱していたりすることもあるでしょう。そのようなときには、親はすぐに行動し、他の保護者に話したり、その先生や校長と話し合ったりする必要があります。

ここで、あらためて、法的側面から親の教育責任について概観しておくことにします。日本国憲法第二六条第二項に、「すべて国民は、法律の定めるところにより、その保護する子女に普通教育を受けさせる義務を負ふ。義務教育は、これを無償とする」と定められており、保護者は、学齢期の子を小中学校などに通学させる義務、いわゆる就学義務があります。民法第八二〇条は「親権を行う者は、子の監護及び教育をする権利を有し、義務を負う」としています。このように親には、子どもを教育する義務があるのですが、近年、児童生徒の不登校などが増加し、義務教育という言葉の響きから、不登校を違法なものだと考える人もいます。しかし、あくまで就学義務は保護者の義務であって、子どもの義務ではありません。

したがって、子ども本人が自由意志で欠席を選択しているのであれば、子どもも保護者も罰則は科せられることはありませんが、逆に、子どもが学校に行きたいと希望しているのに、親が家事を強制したり、時には軟禁したりして通学させないときには、就学義務違反となりますし、督促を受けても通学させないと一〇万円以下の罰金が科されます。

このように、法的視座から見れば、わが子を学校に通わせることは親の義務ですから、不登校は第一義的には親が責任を負うことになり、学校は親をサポートする立場です。あくまで親が主役で学校は脇役ということになります。しかし、子どもが不登校になってしまうと親は混迷してしまいますので、学校が全面的にサポートする必要は当然あります。

いま、不登校の生徒を対象にした民間の施設、いわゆるフリースクールなどが増加しており、このような施設に対して、学校と同様に出席した場合は出席日数に算入する取り扱いが増えていることなどを知ることも大切です。親にとって厳しい話をしてきましたが、あくまで法的に見たときの話ですので、ここで視点を大きく変えて検討してみましょう。

今日だけ学校を休ませて

ある日、娘さんに「今日だけ学校休ませて！」と懇願されたら、あなたはどのように対処しますか。理由は言いませんが、いじめられたりしているようでもなく、授業がいやだということでもなさそうです。とにかく今日だけ休むというのです。「明日は必ず行くから今日だけ休ませて！」と懇願されたら親としては閉口してしまいます。終いには、「なぜ、学校を休んではいけないの？」と聞かれ、「みんな通っているから」、「勉強に追いつけなくなるから」ということぐらいしか言えないし、まさか皆勤賞を取るために頑張りなさいと言えないし、言っても、子どもにも自分自身にもむなしく響きます。

一般的に親は、誰しも病気であれば休ませます。ですが、心が疲れたときは休ませるかどうか判断に苦しみますし、恐らく「ガンバリなさい」と叱咤激励するでしょうが、多くの親は、休むことは〝サボる〟こと、「欠席＝サボる」という考えに囚われているのではないでしょうか。それに、休むことはイコール〝サボり〟だと思われるのがいやなので学校へ行ってしまう風土が、学校にはあるでしょう。休まない子は良い子、休む子は悪い子という定式もあり、このように親自身が思いこんでいるのではないでしょうか。

「休む」ことと「サボる」ことの違い

結論から申し上げれば、このようなとき、お子さんの考えや判断を大切にして、今回は休ませてあげてはと考えますが、どうでしょうか。確かに、親も子どもたちも「学校を休む」ことに罪悪感を持ち、「学校へは必ず行くものだ。行きたくないときも行かなくてはいけないきまりだ」と考えるようになっているのでしょう。休まないこと、それが当然のことだと考えるようになっています。

このことは、子どもたちにも「学校は行かなくてはいけないもの」という考え方を植え付け、他方で、そのことは、子どもたちが自主的に判断することを衰退させ、なんでもかんでも「これはきまりだから」ということで、従っている方が良いし、その方が親や先生からもとやかく言われないで済むと考えるようにさせてはいないでしょうか。

さらに、そのことは、「どうせやらなければいけないことなら〝やりたい〟と思った方が気分的に楽だ」という考えになり、そのように考えることによって物事に対する疑問や本当の楽しさが見いだせなくなってしまい、実はやりたくないことでも、なにも考えないでとにかくこなすことに終始してしまうという寂しい考え方が身に付いてしまうことにはなりませんか。

「何でこんなこと…」と思う事柄にも「このきまりはおかしいな」と考えても、これに違反すれば何かしらの罰がありますし、深く考えずに従っていた方が楽だと考えてしまう。この考え方は集団生活では、ある意味では必要なのかもしれませんが、自主性ということでは貧しい考え方と言ってもいいでしょう。このようにして人の顔色をうかがい自分の意見の言えない人間になってしまうとしたら困ったことです。もう少しこの問題を検討することにしましょう。

休むことは「権利」でしょうか

ある集会で、小学校六年生の娘さんが不登校になった父親が次のように発言していました。

たとえ親の目には〝ズル休み〟に見えたとしても、子どもにとっては、やはりほんとうに休養が必要な状態で心身ともに疲れ、子どももひと息いれたいときなんですよ。「休みたい」という訴えこそがもう理由なんですね。それに、子どもは休むことを保障されなければ理由は話しません。特に、その背景にいじめや先生の厳しい指導・体罰などがある場合はなおさらです。子どもにとって生活の場は家庭と学校しかありません。学校に行けない理由を話し、それでも家庭にいさせてもらえないのであれば、身の置き所がなくなってしまうわけですから、初期の段階で〝休む権利〟を認めていく、ここがいちばん大切なところです。

この発言をどのように考えますか。教師の立場からみてみると、学校に行かれないような状態になってからではなく、日常的に学校を休む事に対して「罪悪視」しないとはいっても、教師が「休みたかったら無理をしないで休んでもいいよ」とは言えないし、そのようなことを言えば、学校の秩序が維持できなくなるという不安もあります。

ましてや、「休む権利」などと「権利」主張されると多くの教師はとまどいと反発さえ感じます。教師にとっては、現実に休む子がいれば「教師としての力や学級経営の未熟さからではないか」と悩んだり、長く休んでいる子を「戻せないのは教師としての力不足という目で周りから見られる」「管理職から早く学校に戻すように指導される」等々の心配もあります。

多くの教師は、「学校に来ても来なくても良いという考えが一人歩きをすれば、学校の責任放棄につながる」とし、「休んでも良いとして、子どもの学習権の保障について学校としての責任を考えるべきではないか」などと考えるでしょう。「休みたければ勝手に休めばいい」というのでは、単なる責任放棄になってしまうなどと教師としては考えます。

しかし、一方で「休む権利の保障」とは、「休むことがその子どもの利益にかなうことだから権利として保障しよう」ということであり、このことは裏返せば、「どうしたら子どもたちが、楽しく学校に来られるか」ということが問われていることだともいえ、何よりも学校が子どもの人間関係を形成し成長させる場であることが大切であるとも考えます。

このような教師としての悩みも考慮しながら、親としてわが子の「休む権利」を考えてみてください。

休むことは、社会へ出れば休暇権として権利になります。ですが、生徒は学習することが目的であって、授業を欠席することは自ら学習する権利を放棄する事です。そのようなことをできるだけ忌避するために教師は欠席しないよう指導しているのですから、働いて賃金を得ている会社員などの休暇権とは本質的に異なります。しかし、学校での皆勤賞という「賞」の制度が、企業では休まずに働くことを第一義に考える素地になってはいないでしょうか。このようなことも親としては、頭の片隅においておく必要があるでしょう。

揺れる学校像の中で

いま、学校像は大きく揺らいでいて、かつてのような学校教育に対する認識では教育が難しくなっています。たとえばアメリカなどでは、学校に行かずに家庭で親がわが子を教育するホームスクールという「学校」があります。

ホームスクールは、「やがて二一世紀にはアメリカの学齢人口の約二%がホームスクールで教育されると予測さえされて」いて、現在、ホームスクールで教育している親は先生に代わって、「私は息子に教えることができる。私は、書き方はわかっているし、印刷されたお手本で教えることにしよう」と考え、教室で先生は、理解していそうもない子ども「一人ひとり」の面倒を見ようなどとは決して考えていない、自分の息子もその「ひとり」だったので、子どもを家に戻し、自分で教えることにした、というのです。

このように学校教育を「否定」し、わが子を自ら教育する親が出現しており、「公的な教育を私は一度も望んだことはありません。小さい子どもが一定の時間に起こされ、服を着て、まだそれほど空腹でもない時間の朝六時か七時に食事をするという儀式をさせられるのは有益なことだとは思いません。学校の管理体制は小さい子どもにこういうのです。『あなた達はこの時間に起きて、この時間に食べて、この時間にはこの建物にいて、この教科をこの時間に何十分間勉強するのです。これは好きでも嫌いでも行わなければなりません。これがあなた達がやることです』と。私は、それは非人間的で、搾取的であり、子どもを傷つけるものだ」と考えています（マラリー・メイベリー他著　秦明夫他訳『ホームスクールの時代—学校に行かない選択：アメリカの実践—』東信堂、一九九七年）。

このような考えを、そのまま肯定することはできないかもしれませんが、しかし、単に無視することもできないでしょう。現在アメリカでは、ホームスクールがすべての州で合法化されているといいます。リンダ・ドブソンは、「先生」である親を「ファシリテーター」と呼び、教師が教えるという行為は、「手を差し伸べる側にスポットライトをあてています。ファシリテーターの目標は学習者本人が進みやすいように、道を空けること」にあり、この違いが「驚嘆すべき重要性をはらんでいる」と指摘しています。そして、ホームスクール運動は、「教育を家庭や地域に戻そうとするもの」であるというのです（リンダ・ドブソン著　遠藤公恵江訳『ホームスクーリングに学ぶ』緑風出版、二〇〇八年）。

日本の教育風土の中では、このように考えることは一定の難しさがありますし、日本の学校教育がアメリカほどは「疲弊」してはいないということかもしれませんが、しかし、親としてわが子に対する教育責任を負うという点では、その精神を日本でも学ぶ必要があるでしょう。

保健室登校は欠席ですか

もう一点加えておきます。学校には登校しているが教室での授業は受けられない、いわゆる保健室登校の出席に関する法的側面についてです。その子は、学校に出席したのか欠席なのかという点です。中学、高校は教科担任制ですから学校は出席、教科は欠課になります。高校では出席日数が教科単位認定と関わっていて、多くの学校で三分の一以上欠席すると単位が認められず、その科目は不認定ということで修得したことにならないことが、多々あります。

学校教育法施行令第一九条（校長の義務）は、「校長は、常に、その学校に在学する学齢児童又は学齢生徒の出席状況を明らかにしておかなければならない」とし、第二〇条では、児童、生徒が、「引き続き七日間出席せず、……、保護者に正当な事由がないと認められるときは、……市町村の教育委員会に通知しなければならない」としています。また「不登校児童生徒が適応指導教室等の学校外の機関で指導等を受ける場合について、一定要件を満たすときは校長は指導要録上「出席扱い」にできることとする」（「登校拒否問題への対応について」（一九九二年九月文部省初等中等教育局長通知）としていることから、子どもたちの出欠席は、校長の裁量ということになります。

したがって、子どもたちの欠席は、校長が把握することになっていて、出席か欠席かの判断は校長にあることになっています。ただ高校では、一般的に教科担任に単位の認定権があると考えられていますので、校長の出欠席判断の裁量権と教科担任の単位認定権との衝突から裁判になることもあります。

様々な角度から「欠席」についてみてきました。ぜひ参考にして、あらためて学校での「出席」について考えてください。

スカートをはきたがる息子に困惑しています

異性装への悩み

うちの息子は高校一年生です。特に勉強などでは困ったことはないのですが、女性の服装をしたがり、男子の学生服を着るのをいやがっています。持ち物も女性用のものを好み、父親は「変態」だと言ったりします。しかし、そういうことではなく「性同一性障害」ではと、母親である私は思っていますが、困惑しています。

いま、テレビなどでニューハーフ、おねーなどと言われて異性装で活躍している人も多くなっていますし、社会的にもだんだん違和感が無くなっているような気がします。頭のなかでは母親として理解してあげようと思っていますが、学校でいじめのターゲットになるのではないかと思ったりして割り切って考えられません。

男、女という性別二元論ではなく

まず、「性同一性障害」とは、「肉体的には男性或いは女性であるとはっきり認知しながら、人格的には別の性に属していると確信している状態、身体的性と心の性が一致しないことをいう」(『明鏡国語辞典』)のですが、日々テレビなどで「ホモ」「ゲイ」「ニューハーフ」「おかま」などの言葉が飛び交い、ある意味で「特殊」な人たちという印象もあるので、お父さんのいう「変態」という発言もやむを得ないところがあります。ということで、この問題については正しい判断が必要ですが、ここで詳細に紹介することは難しいので、息子さんの場合について考えることにします。一般的に身体的性と心の性が一致しないけれど、肉体まで替えるのではなく服装や化粧をすることで苦痛を解消しようとする人たちを異性装者(transvestite)といわれています。

多くの人は、「オチンチンのある人は男・ない人は女」という単純な性器主義に基づく性別二元論に何ら疑問を持つことはありません。したがって、学校でも当然、男と女という性別二元論で対応しています。しかし、佐倉智美は、次のように指摘しています。そのような学校の現状では、「セクシュアルマイノリティの子どもたちもまた苦しむことになる。[男・女]という既存の性別の典型にあてはまらないインターセックス、トランスジェンダー[いわゆる「性同一性障害」]、および同性愛などのセクシュアルマイノリティの子どもたちは学校に居場所がない」(佐倉智美『性同一性障害の社会学』現代書館、二〇〇六年、一六三頁)のだというのです。学校は基本的には男女平等を教えるところですから、逆に、男女を区別することには鈍感な面があります。また、混合名簿などには反対の声も少なからずあります。したがって、「すべての児童・生徒が『女か』『男か』そのいずれかに属さなければならない。そして、その前提で毎日の学校生活のすべてが動いていくし、『女か』『男か』によって、すべてがワンセットにパッケージされた『らしさ』に従うことが要求される。しかし、どちらに属することになるかにおいて、ひとりひとりの希望が通るとは限らないし、どちらでもないものに属することはできないことになっている。意に反して

『女』『男』のいずれかに属することになるセクシュアルマイノリティの子どもたちは、かくして居心地の悪い学校生活を強いられることになる」（同、一六四頁）というのです。ここで、このような問題について少し検討してみましょう。

第三のジェンダーを認める社会

今の社会は、基本的には性別二元論という二進法の世界といえるでしょう。しかし、大島俊之は、次のようにも指摘しています。「性別二元論に適合しない人もいるのです。彼らは公文書に記入する時、『M』枠と『F』枠のいずれにも印をつけることができない。二進法のモデルに適合しないと、存在しないことになるか、適合するように強いられることになるのだ」（大島俊之『性同一性障害と法』日本評論社、二〇〇二年、二三四頁、（注）F：female（女）／M：male（男））だが、このような二進法は文化によって様々で、「二つのセックス／二つのジェンダーという西洋的規範は決して普遍的ではない。もっとも人道的で啓蒙されたやり方の一つは、ネイティヴ・アメリカンのナパホ族の間で一九三〇年代に見られた。ナパホ族は、三つの身体的なカテゴリー、つまり男性、女性、およびナドゥルと呼ばれる半陰陽的な存在をみとめた。ナドゥルたちは特別の地位をもち、特別な服装をし、特定の職務を果たし、彼らの知恵と技術のためにしばしば意見を求められた。また他のネイティヴ・アメリカンの部族には、ベルダーシユとして知られるものが存在した。ベルダーシュとなった人は、霊的・個人的な理由により、第三のジェンダーへ移行したため彼らは身体を変えなかった。彼らはセックスを変えずにジェンダーを変更した。……この変更は、生物学には関係なく、文化によって受け入れられるものだった。彼ら自身、その恋人やパートナーのいずれにも汚名が着せられることはなかった」（同、一四〇頁）という。このように性的マイノリティの人々が社会的に認知されることもあるのです。

だが他方で、旧約聖書「申命記」の第二二章第五節には、次のように記されているといいます。「女は男の衣服〔ころも〕を纏〔まと〕ふべからず、また男は女の衣装〔きもの〕を着〔きる〕べからず、凡て斯〔かく〕する者は、汝の神エホバこれを憎みたまふなり」。これは、当時の異教の宗教的な慣習に対する拒絶を意味するもののようですが、このような聖書の教えがあるため、ユダヤ教・キリスト教の文化圏では、一般に、異性装に対して厳しい態度をとっている、というのです。

それに対して、「世界の主な宗教のうち、仏教は、文化と歴史的な時期により態度はまちまちだが、セックスとジェンダーの多様性に対してもっとも肯定的だと思われる」（ヴァネッサ・ベアード著 町口哲生訳『性的マイノリティの基礎知識』作品社、二〇〇五年、九八頁）のだといいます。

このように、人類は性について複雑な歴史を持ち、しかも「男性」と「女性」のどちらにも属さない様々な「性」があることを、親も教師も充分理解することが今求められているのではないでしょうか。

女性の服装で勤務させてほしい

ここで、ある裁判を紹介しましょう。Aさんは、Y社の調査部に勤務していましたが、性同一性障害の診断を受けカウンセリングを受け始め、翌年に家庭裁判所で女性名への改名が認められました。その後、製作部製作課への配置転換を内示されましたが、配転承諾の条件として①「女性の服装で、勤務する」、②「女性用トイレの使用」、③「女性更衣室の使用」を申し出ました。しかし、Y社は、その条件を認めずに配転を命じたので、Aさんは出社せず配転の辞令を返送しました。その後、女性の服装、化粧等をして出勤しましたが、会社はこれを禁止する服務命令を発し、自宅待機を命じ、懲戒処分を検討していることを通知し、三日後、Aさんから弁明の聴取をしました。その後もAさんは、女性の容姿で出勤しましたが、就労はしませんでした。会社は聴聞手続きを経て懲戒解雇の告知をしたので、Aさんは、懲戒処分等差止めを求め、懲戒解雇後の地位保全および賃金、賞与の仮払い請求の仮処分を申し立てました。

著しい支障を来すとは認められない

この訴えに対して裁判所は、次のように判示しています。

「Aさんは、女性の服装で勤務することなどを申出した当時は、性同一性障害（性転換症）として、精神的、肉体的に女性として行動することを強く求めており、他者から男性としての行動を要求され又は女性としての行動を抑制されると、多大な精神的苦痛を被る状態にあったということができる。したがって、Aさんが、会社に対し、女性の容姿をして就労することを認め、これに伴う配慮をしてほしいと求めることは、相応の理由があるものといえる」としたうえで、「このような事情を踏まえて、社員がAさんに抱いた違和感及び嫌悪感は、Aさんの事情を認識し、理解するよう図ることにより、時間の経過も相まって緩和する余地が十分あるものといえる。また、取引先や顧客が抱き又は抱くおそれのある違和感及び嫌悪感については、会社の業務遂行上著しい支障を来すおそれがあるとまで認めるに足りる的確な疎明はない」。それにもかかわらずAさんの申出は承認されず、「会社のその後の経緯に照らすとAさんの性同一性障害に関する事情を理解し、申出に関するAさんの意向を反映しようとする姿勢を有していたとも認められない。そして、会社は、女性の容姿をしたAさんを就労させることが、企業秩序又は業務遂行において、著しい支障を来すと認めるに足りる疎明はない。したがって、懲戒解雇に相当するまで重大かつ悪質な企業秩序違反であると認めることはできない。よって、懲戒解雇の相当性を認めさせるものではない。として、解雇は権利の濫用にあたり無効である。Aさんは被保全権利を有する」と判示しています（東京地裁、二〇〇二年六月二〇日、『労働判例』八三〇号一三頁）。このように、裁判の中では、異性装を認めようとしています。

教師として活動している人もいるが

異性の服装を着るという異性装者には、大まかには二種類の者がいて、「まず第一のグループは、性的な興奮を得ることを目的として、異性の服装をする者である。第二のグループは、異性の一員であるという一時的な体験を享受するために、生活の一部分を異性の服装をして過ごす者である」（大島俊之『性同一性障害と法』日本評論社、二〇〇二年、三三八頁）が、もちろんここでは第二のグループの人々の問題です。この異性装は、①自宅、②職場、③道路上などの公の場でも、行われますが、最後に、学校という職場での事例を見ることにします。

◇「こら、銀色のハナクソ」二学期初日、鼻ピアスをしてきた女子生徒に、土肥《どひ》いつき（四五）が笑顔で声をかけた。生徒が笑いながら逃げ出した。さらさらの髪にすっぴん、細いジーンズ。いつきは京都府立高校で数学を教えている。「ドッヒー」「ドヒちゃん」と生徒は呼ぶ。戸籍のうえでは男性。謙一郎という名前だった。けれど女性に同一感を持ち、その心に合わせて生きている。性同一性障害と診断され、三年前に改名した（「朝日新聞」二〇〇七年九月九日）。

◇「この構文は絶対に覚えておくこと。入試で出題されます」真剣なまなざしの浪人生を前に、英語講師（四五）が声のトーンを上げて注意を促す。大手予備校「河合塾」の池袋校。千人以上の生徒を指導するこの講師は八六年、男性として採用された。二年前、予備校側に「性同一性障害」であることを伝え、今は女性として働く。セミロングの茶髪に薄化粧をし、デニム地のロングスカートをはく。九〇分間、ハイヒールで黒板の前を行き来しながら、余談も挟まず授業を進める（「朝日新聞」二〇〇二年六月二三日）。

◇埼玉県のパート社員（三七）は一級建築士の資格を生かして専門学校で教えていたが、数年前、経営者の意向で退職に追い込まれた。「男のくせに女の格好をするのは許せない」という理由だった。労働基準監督署や会社の労働組合に相談したが「前例がない」と取り合ってもらえなかった。その後、女性として面接を受けた別の会社に再就職が決まったが、働く前に戸籍は男性であることを明らかにすると、話は白紙に戻った。以来、事務職のパートを転々としている。「正社員にならないか」と誘われても戸籍の性を知られるのが怖い。現在の年収は一〇〇万円に満たない。同居する母親の年金と合わせ、なんとか暮らせている状態だ（「朝日新聞」二〇〇二年六月二三日）。

このように、職場の抵抗は強い現実もあります。そこで、もしいま、男子の生徒が女性の服装で登校し、女子トイレの使用を希望したらどのように学校は対応するでしょうか。

予想される「いじめ」や就職差別の問題など、パターナリスティクな配慮から学校はとまどってしまうことでしょう。しかし、そのような生徒を受け入れる必要が学校にはあります。そのことを担任の先生などとも話し合って息子さんの生き方を見つめてほしいものです。いま、このようなことを理解し配慮する先生や学校も広がっていますし、なによりも生徒自身が大人が考えるほどの違和感はなくなっているのではないでしょうか。

子どもが家出、どうしたらよいのか分かりません

担任の先生に電話して

深夜になっても娘が帰ってこない。携帯も切られていて連絡がない。友達の家に行っているのではないかと思いましたが、誰が友達なのか分からないので、思いあまって翌日の朝、担任の先生に電話をしました。

担任の先生は「分かりました。クラスの生徒に聞いてみますが、その前に、家の中に書き置きやメモ類はありませんか。着衣の持ち出しの状況、金銭の持ち出し状況を点検してください。それと、最近、友達との電話などで気がついたことがあったら教えてください。放課後、私がお宅へお伺いし少しお話ししたいと思います」という返事でした。

その日、娘は学校に登校しておらず、担任の先生が訪ねてきましたので、「いろいろ探してみましたが、置き手紙のようなものもありません。家のお金には手をつけず、小遣いを持って出ているようです。着替えは少し持って出ているようです」と話しました。

プチ家出でしょう

担任の先生は「プチ家出」と判断したようで、「探すことも大切ですが、なぜ家出をしたのかその原因を解決することが大切です。一般的なことですが、いま、多くの子どもたちが、『学校、部活、塾など毎日のハードな生活に疲れ切っている』『いじめられないために、神経をすり減らしている』などの慢性的なストレスや『成績が伸びない』『部活でレギュラーになれない』などの悩みを抱えています。しかも親の期待に応えようと一生懸命〝よい子〟を演じている子もいます。こうしたことが、いつの間にかストレスとなって蓄積され、ある日突然家出してしまうこともあります。娘さんはどうですか、心当たりはありませんか?」と聞かれたので、「特に気がつきませんけれど……」と答えました。

さらに担任の先生は「これも一般的な話ですが、子ども達は日常生活の中で悩んでいることについてのサインを出していることがよくあります。たとえば『朝起きると頭痛や腹痛を訴える』『親への反抗や嘘が多くなる』『帰宅時間や服装が変化する』など様々なものがあります。こうしたサインを早く察知することが親としては大切ですが、どうですか」と話されましたので、「そういえば、あまり気にしていませんでしたが、確かに先生のお話のように、このごろ反抗的に口答えをしますし、おしゃれをするようになりました。時々遅く帰るので聞くと、友達と部活の後、みんなで話していたと言います。けど、高校生になったのだからそのくらいはしょうがないと思っていましたけれど」。

「分かりました。たぶん、仲の良い友だちの家に泊まったのだと思いますので、明日、登校してきたら少し話をしますが、ご両親も叱らずに少し話を聞いてあげてください」と言って担任の先生は帰宅しました。

その翌日、担任の先生がクラスのホームルームに行ってみると家出していた生徒が出席しており、聞いてみると、母親が細かいことにうるさくて息が詰まりそうになり、衝動的に友達のA子さんの家に泊めてもらったという。一晩、A子さんに話を聞いてもらったら気持ちが少し楽になったので、今日は家に帰ってお母さんに謝ると言い、この事件は一件落着しましたが、もう少し家出について考えてみましょう。

家出の事例

ここで、家出の事例をいくつか紹介します。

事例Ⅰ

中学二年生のA男は、家庭では保護者、特に母親のしつけが厳しく、小学校低学年のころから母親にきつく叱られると家を飛び出し、家の近くの公園やマンションの踊り場などで一夜を明かすことがたびたびありました。このような様子を心配した近所の方が交番に連絡するといったこともあったようです。

五月の大型連休が明けた頃、A男が登校しなかったので担任が朝の学級活動後、母親に連絡したところ、A男は前夜から家を出たまま帰ってきていないとのことでした。詳細を尋ねると、卒業生の家に泊まりに行くことに反対され、母親に叱られたA男は「勝手にしてやる」と言い残して、夜八時ごろ家を出て行ったということがわかりました。母親は父親にも相談しましたが、心配しながらもいつものことと思っていたようです。

事例Ⅱ

B男は、中学に入学した頃から喧嘩が多く、カッとなるとなかなか自分を抑えることができませんでした。二年生になり、クラス替えで新たな人間関係がうまく作れず、B男なりに悩んでいる様子が見受けられました。ある日の給食の時間、ほんの些細なことから友だちと喧嘩になり、「ちくしょー！俺なんかどうなってもいいんだ！」と叫びながら、ドアを蹴って教室を飛び出していきました。担任らが学校の周りを探しましたが、放課後になってもB男の所在はつかめませんでした。

事例Ⅲ

中学三年生のC子は、勉強が苦手で気の合う友人も少ないことから、学校生活に興味を失い、二年生の後半から登校しなくなりました。家庭では、昼夜逆転の生活を送り、興味のあるバンドの応援に夢中になっているようでした。母親はそんなC子の様子をさして気にとめる様子も見せず、「あの子のやりたいようにさせています」と答えるばかりでした。夏休みが終わった頃、母親から、「実はC子が二週間ほど家に帰ってきていない」との連絡がありました。バンドの追っかけをして知り合った成人男性から、C子の携帯電話に度々連絡が入っていることは母親も知っていました。

家出の背景と問題点

これらの家出の背景として、保護者の過干渉・放任等の養育態度の問題、家庭や学校での人間関係の葛藤や不適応、本人自身の不安や悩み、怠学等の問題が考えられます。思春期には、自由や独立へのあこがれを持ちやすく、このような心性が家出に結びつきやすくなります。

最近では、家庭でちょっとしたトラブルがあるとすぐに家出し、数日間で帰宅するといういわゆる「プチ家出」も多く見られるようになりました。しかし、家出中に誘拐されたり、繁華街への出入りや出会い系サイト等の利用によって性犯罪の被害者になる場合など、大変心配される状況が増えてきています。また、不健全な交友関係の拡大や窃盗・恐喝・暴行・傷害などの犯罪の加害者になる場合、さらに薬物乱用などの危険性も懸念されます。

家出、もう一つの視点

「家出」を問題にする時、生徒達の非行や転落との関係でとりあげる場合が多いように思われます。確かにそのような側面を軽視することはできませんが、しかし、家出イコール非行といった否定的な側面だけで子どもを指導して良いのでしょうか。家出を青少年の自立、独立のための第一歩として見ることも必要ではないかと考えます。

「家出は自立と自我の最初の里程標をしるすことである」との主張で書かれた寺山修司の『家出のすすめ』（角川文庫）という本がります。その中で寺山は、「もはや、家出するにも『家』がないではないかという考えが一般化しつつあるようです。『家』がわたしたちにとって桎梏であるあいだは、それらの解放が思想の斧であり得たのですが、はじめから壊れてしまっている『家』などから出たところで何になるでしょう」と、今日の「家」、いうならば家庭の意味を問いかけ、さらに寺山は、「一九三八年にオグバーソ博士は『家』の中でも機能を七つに分類し、それを経済的、身分的、教育的、宗教的、慰安的、保護的、愛情的機能としました。そのうち六つまでは『家』の中での活動の意味を失ってしまい。今のこっているのは七番目の愛情的機能だけです」。そして、「一人の自我形成期の少年にとって、家出の決意が生まれる動機は『家』の七つの機能が備わっていた時も今も、この七番目の愛情的機能との絶縁であったということを思い出してみれば、たとえ『家』がその形骸をとどめていなくとも、親がある限り人は永遠に家出を繰り返すにちがいないというのが、わたしの考えなのです」と述べています。この寺山の指摘をどう考えるかの判断はおまかせしますが、「愛情的機能」をキーポイントにしていることに注目しました。

家出を危険な問題行動とみるか、自立への第一歩とみるかは、それぞれのケースがあり、同一には考えられませんが、程度の差こそあれ、その両面が含まれているのではないでしょうか。そして同時に、家出には親や教師へ何かを訴えている、あるいは家族から逃避して反抗しているという側面もあります。

家出が非行などの問題行動と密接に関連していることもありますが、底流には現在の家族の病理を反映しているのではないでしょうか。したがって、家出の問題はその子どもの親子関係を解き明かす契機でもあります。

思春期の課題に一つに「親離れ」があります。一般的に青年は、思春期、親から離れて自立したいと考えます。しかし、現在、子どもの中には頭のなかではうるさい親から逃避したいと考えていても、毎朝親に起こされて学校へ行っていたり、身の回りの整理整頓もできなかったりしているのに、「自分は一人前だ」、「自分のことは自分でできる」、「干渉するな」と叫んでいるだけの子どももいます。したがって、そのギャップを埋めることも親にとって必要でしょう。

他方、子離れができない親もいます。甘やかし、過干渉、心配性、接触過剰などのいわゆる「過保護」で親自身が子どもから自立できていない、そのような家庭で子どもの家出が多いと言われています。

家出とは「家を出る」のですから、非行に結びつけて否定的に見るだけではなく、家族の問題としての視点も大切です。

掲示板書き込みを削除してもらいました

ネット社会での不安

「いじめ：ネットのいじめ許さない　市民がパトロール隊、蕨（埼玉県）で始動」このような見出しで、「ネットいじめなどを防ごう、と結成された蕨市の『青少年を有害情報から守るパトロール隊』が二日、本格活動を始めた。ボランティアやPTAの保護者ら五人が、市立中央公民館のパソコンルームに集まり、ネットの掲示板に悪質な書き込みがないかチェックしたり、『学校裏サイト』などを検索して違法行為を監視した」と報じています。その中で「高校一年生の息子を持つYさん（四五）は「子どもがネット上の犯罪に巻き込まれないか心配です。もっと安心して使えるようにしてほしい」と話しています（「毎日新聞」二〇一〇年四月三日）。

また、熊本県教委は、「生徒や第三者が開設・運営する学校非公式サイトへの不適切な書き込みに関する〇九年度の調査結果をまとめた」が、「中学校の約七割、高校では九割以上の学校で不適切な書き込みが見つかり、件数は八四九一件に上った」というのです。そして「県教委は携帯電話を小中学校では持ち込み禁止、高校では校内での利用を禁止しているが『禁じて学校の役割が終わるわけではない。学校でも保護者や地域と共に指導をしていくという認識を共有したい』としている」ということです（「毎日新聞」二〇一〇年四月二七日）。

新聞にこのよう記事が散見され、「学校裏サイト」など子ども達をめぐるインターネット関連の問題があると思いますが、親はよく理解できずにいます。学校をはじめ行政も様々な対応に取り組んでいるようですので、子どもの身近にいる親にとっても無関心ではいられません。どのように考えたらよいのでしょうか。

条例で禁止することの意味

石川県は二〇〇八年四月「いしかわ子ども総合条例」を次のように改訂しています。「近年、インターネット上の有害情報の氾濫によって、子どもたちが犯罪に巻き込まれるケースや誹謗・中傷する書き込み被害が発生するなど、子どもを取り巻く環境が変化しています。こうした状況を踏まえ、青少年の携帯電話の適切な利用を進めることにより、青少年の健全育成を図ることとしています」として、「いしかわ子ども総合条例」の中に携帯電話について「子どもの携帯電話利用について、親子で話し合い、一定のルールをつくりましょう」ということで、次のような例を挙げています。

＊学校内で携帯電話の決まりを守る、＊午後一〇時以降は使わない、＊使用時間は一時間以内、＊リビングで使う・勉強中や食事中は使わない、＊知らない相手からのメールは見ない、＊何かあったらすぐに親に相談する、＊個人情報を書き込まない、＊いじめや根拠のない話を書き込まない、など

そして、「特に小中学生には、防災・防犯上その他特別な理由がある場合を除き、携帯電話を持たせないことを含め慎重に判断しましょう」と呼びかけています。

次に「フィルタリングサービスを積極的に利用しましょう」とフィルタリングサービス利用を推進し、「やむを得ない理由でフィルタリングサービスを利用しない場合は、その理由を記載した申出書の提出が必要となります」と強制的にフィルタリングサービスの利用を義務づけてもいます。

しかし、このように県の条例などで規制することで子どもたちを被害から守ることが出来るのでしょうか。携帯、インターネットをめぐる進歩は日進月歩。対応がすぐに陳腐化することは明らかであって、保護者、教師ともに絶えずその時の状況に対応する努力が必要です。したがって、保護者、教師が協同して対応を検討する必要があるし、何よりも、保護者が子どもと話し合い、ルールを決め、対応力をつけることが大切でしょう。そこである事例を紹介しましょう。

「中一のA子死ぬほどうざい」

これは掲示板への書き込みをめぐる事例ですが、インターネットの掲示板に「Zちゃんねる」が設置され、管理運営していたのはWです。この掲示板には、自由に、匿名で書き込むことができますが、Wは書き込みとその削除についてのルールを定め、「お約束」の表題の下に、①実名の書き込みはいけない、②一般常識から外れたことは書き込まない、③削除依頼時はスレッド（会議室）のアドレスとレス番号を明記する、④第三者からみて特定可能な情報でない場合は削除対象外とする、などのルールを掲記していました。また、掲示板には、管理人への連絡手段が表示されており、書き込みの削除は、利用者からの削除依頼があれば、管理人が削除基準に該当しているかどうかを判断したうえで、削除することが出来ました。

このような掲示板に、「中一のA子について」とのタイトルのスレッドが立ち上げられ、冒頭の書き込みは、「中一のA子死ぬほどうざい。マジ、しね‼ バリ、ブスやし。あいつの顔見たらはきそうになる‼ 誰か、A子をしめて〜‼」などと書かれていました。これに対し、実名を挙げて悪口を言うことを非難する書き込みや、逆に同調する書き込みなどが、スレッドに八八回書かれました。

A子さんが通う中学校の教頭は、掲示板管理者のWにA子さんの個人名が出ている内容についての削除をメールで依頼しました。Wは、教頭からの削除依頼に対し、削除の対象となるスレッドと書き込みのアドレスを正確に引用するよう指摘し、今回は削除依頼が正しく行われておらず判断できないため処理できないとメールで応答し、スレッドの削除は行なわれませんでした。

教頭が再度、アドレスを特定して削除依頼を行ったところ、Wは、依頼対象が第三者が客観的に個人を特定できる内容ではなく、削除事由に該当しないとして、また削除が行なわれませんでした。

A子さんの両親は翌月スレッドのことを知り、警察に相談し、Wにスレッドに記載されている者の保護者であることを示したうえで、削除依頼の意思を伝え、スレッドの接続記録の保存を依頼しました。Wはこれに応じてスレッドの接続記録保存のために、スレッドを凍結しました。またA子さんの両親は、警察が接続記録を確保した後、Wに改めてスレッドの削除依頼を行い、Wはこれに応じて、その日にスレッドを削除した、という事例です。この事例で注目したのは、掲示板を管理しているWは、教頭の削除要請には応じず、両親の削除要請には応じていることです。

放置したのは権利侵害にあたる

この事例は、A子さんが裁判に訴えた事件です。そこで、この裁判での大阪地裁の判断をみることにしましょう（大阪地裁、二〇〇八年五月二三日、裁判所ＨＰ）。

まず大阪地裁は、スレッドのタイトルでＡ子さんの氏名及び学年が特定されていること、スレッドを立ち上げた冒頭の書き込みが容ぼう等を誹謗中傷する内容であり、その後の書き込みの内容をみると、スレッド全体としては冒頭の書き込みを非難し、Ａ子さんを擁護する書き込みが多いものの、冒頭の書き込みに同調する内容の書き込みもあることが認められる。

Ａ子さんにとっては、不特定多数の者が閲覧可能なインターネット上で、冒頭の書き込みのように実名を明らかにしたうえで誹謗中傷する内容の書き込みがされていること自体が、重大な権利侵害というべきであり、スレッドが全体としてはＡ子さんを擁護する傾向であったとしても、そのことは権利侵害を否定する理由にはならない。したがって、スレッドが不特定多数の閲覧可能状態にあることは、Ａ子さんに対する権利侵害に該当する、と判示しています。

権利侵害と認識できた

次に、Ｗは教頭の削除依頼について、一回目のメールでは削除対象のアドレスが正確に引用されておらず、二回目のメールでも教頭の立場が不明であったこと、また「中一のＡ子」との内容のみでは、住所や電話番号等の個人情報が明らかになっていないことから、スレッドの内容が実在する特定個人についての書き込みとは判断できなかったと主張する。しかし、教頭の一回目のメールには、スレッドのタイトルが正確に記載されていたのであるから、掲示板の管理人であったＷとしては、タイトルからスレッドを検索するなどして、その存在と内容を確認することができたのであり、削除依頼対象のアドレスの記載がなかったからといって、Wに認識可能性がなかったとはいえない。

またWは、A子さんの保護者からのメールには、A子さんの保護者との記載のみをもって依頼に対応しており、削除依頼の主体の確認を厳格に行っておらず、教頭の立場が不明であったことは、削除の判断にとっては重要であったとはいえない。なお、教頭の削除依頼のメールアドレスが「@ H.ac.jp」であることからすれば、むしろ、教頭が学校関係者であることが推認できたというべきである。そして、掲示板は、「Zちゃんねる」とのタイトルのとおり、Z中学の生徒等の関係者が書き込みをすることを想定した掲示板であり、このことは、掲示板を閲覧する第三者にとっても明らかであった。これらの事実に加え、教頭からの一回目の削除依頼の時点でのスレッドの内容が、A子さんが実在の生徒であることを前提とした書き込みがほとんどであることをも考慮すれば、掲示板内の「中一のA子」とのタイトルのスレッド及びその書き込みの内容を見た者としては、Z中学一年生にA子という氏名の生徒が在籍し、スレッドは同人についての内容であると判断できると認められる。

以上によれば、Wは教頭からの一回目の削除依頼の時点で、スレッドを確認することによりタイトルと内容がA子さんの実名を挙げたうえでの誹謗中傷であり、A子さんの権利を侵害するものであることを知ることができた、としています。

管理義務違反であり不法行為を構成する

そしてWは、掲示板でこの中学校の生徒同士が、他の生徒の実名を挙げて誹謗中傷を行う等のトラブルが起こりうることが容易に想定できたことは、W自身が実名での書き込みを禁止していることからも明らかである。また、そのようなトラブルが生じた場合、掲示板の閲覧者もこの中学校の関係者が多いと考えられるので、実名を公表された人物の被害がインターネット上にとどまらず、現実の学校生活にも及ぶこともまた容易に予想することができる。したがって、掲示板を設置し、これを管理運営していたWとしては、このような被害の発生を防止するよう慎重に管理し、トラブルが発生した場合には、被害が拡大しないよう迅速に対処する管理義務を負っていたと解するのが相当である。

Wは、スレッドによるA子さんに対する権利侵害を認識できたにもかかわらず、削除等の処置を講ずることなくこれを放置したのであるから、掲示板について管理義務違反が認められる。これに対しWは、掲示板には削除の基準、削除依頼窓口も表示されており、管理人としては、全体の流れ等から削除基準に該当しないスレッドまでむやみに削除を行うことは不適切な管理となりうると主張する。しかしながら、スレッドがA子さんに対する権利侵害となることは明らかであり、削除の基準や削除依頼の方法を定めているからといって、掲示板管理者の管理義務の程度、内容が限定されることにはならない。また、プロバイダ責任制限法*第三条第二項の規定に照らせば、特定の個人に対する権利侵害と信ずべき相当の理由がある本件スレッドを削除したことについて、Wが書き込みを行った者に対する関係で責任を負うことはないというべきである。

以上により、Wの管理義務違反により、スレッドによるA子さんに対する権利侵害の状態が継続したと認められ、Wの行為は、A子さんに対する不法行為を構成する、と判示されました。

＊「プロバイダ責任制限法」二〇〇二年五月二七日施行
インターネットやケータイの掲示板などで誹謗中傷を受けたり、個人情報を掲載されて、個人の権利が侵害

されるなどの事案が発生した場合、プロバイダー事業者や掲示板管理者などに対して、これを削除するよう要請するが、事業者側がこれらを削除したことについて、権利者からの損害賠償の責任を免れる法律。さらに、権利を侵害する情報を発信した者の情報の開示請求ができることも規定。

正式名称は、「特定電気通信役務提供者の損害賠償責任の制限及び発信者情報の開示に関する法律」。罰則は規定なし（総務省「特定電気通信役務提供者の損害賠償責任の制限及び発信者情報の開示に関する法律の概要」）。

精神的苦痛への慰謝料として五〇万円

大阪地裁は、「A子さんは当時中学一年生であり、このスレッドの影響で、通学する学校の他の生徒からスレッドに書かれている人物として好奇の目に晒されるなどした結果、精神的なショックを受けて中学校を転校し、通っていた塾も辞め、相当の精神的苦痛を被ったことが認められる。掲示板は多数の学校関係者の目に触れることとなったと推認され、Wがスレッドの削除を迅速に行わなかったことによって生じたA子さんの精神的苦痛に対する慰謝料としては、五〇万円が相当であると認められる」、としています。判例を長々と紹介しましたが、重要なポイントは、このような事件での保護者の積極的な役割の大切さです。

子ども自身が主役に

文部科学省は、「情報モラル教育」の充実を志向しています。そのことは大切ですが、それだけでは解決しないでしょう。何よりも、子ども自身がこのような問題に主体的の関わる力を育てなければ、ネットいじめなどのインターネットに関わる問題を解決することはできないでしょう。

いま、携帯電話は急激に浸透した情報ツールで、携帯そのものは便利なものですが、社会でも電車の中やコンサート、集会などでは電源を切ることが求められるのと同じように、学校という場でいつでもどこでも使っていいものではないことを学ぶ必要があります。たとえば、生徒会が〈学校内では携帯を①出さない②使わない③電源を切る〉という「携帯三原則」を決めた学校があります。このことは生徒会が主体的に決めたのか、学校の意向に添って決めたのかは分かりませんが、今は生徒自身の手で携帯についてルールづくりを進める事が重要でしょう。そのような視点で、保護者の立場からとりあえず担任の先生にお話ししてはどうでしょうか。

第3章　体育祭・修学旅行・部活動などでの生活指導

修学旅行・二つの事件

修学旅行にはどのような意義があるのでしょうか

修学旅行中に悪ふざけで怪我

娘の学校の二年生が修学旅行中、夜、旅館の部屋の中でボクシング遊びをしていて怪我をするという事故があったそうです。その事故は、座布団を四つ折りにして手に巻き付けボクシング遊びをしていたのですが、担任の先生が部屋を見回ったとき生徒が暴れていると判断して注意したそうです。けれど、先生が行ってしまうとまた続けられ、脳震とうを起こし救急車で病院に運ばれましたが大事には至らなかったということを聞きました。

娘が沖縄への修学旅行を今から楽しみにしていますが、親としては事故のことが心配です。私たちの頃はあまり家族旅行もなかったので修学旅行は本当に楽しみでしたが、今は旅行会社のパック旅行もあるし、あえて学校で行く必要もないのでないかと思いますが、修学旅行は学校教育でどのような意義があるのでしょうか。

はじめに、私自身の忘れられない修学旅行での事件を紹介します。一つは、今から四〇年以上前の出来事ですが、その修学旅行は、瀬戸内・京都コース（四クラス）、伊勢・吉野・京都コース（二クラス）、北陸・京都コース（二クラス）で、三コースに分かれて旅行をし、最後の宿泊地は全クラスが京都で、翌日はグループで散策が行われることになっていました。

北陸・京都コースは北陸を巡って無事京都に着き、二クラスだけで一軒の旅館に宿泊し、後の六クラスは別の旅館に宿泊しました。京都の旅館では、旅館の方が出迎えてくれましたが、その中に若者が数人いました。後で知ったのですが、その若者は京都の大学生でアルバイトとして手伝っていたとのことです。旅館に入る時、男子生徒との間に一瞬「異様さ」を感じましたが、旅装を解きそれぞれの部屋に入りました。

事件は、夕食も済み、就寝前のひと時に起こりました。一人の男子が、壁に頭を打ちつけて泣いているのです。聞くと「自分の彼女が若者に風呂を覗かれた」というのです。そして、そのことに端を発し、一部の生徒が興奮状態になり収拾がつかなくなってしまいました。彼女が覗かれたというカップルは、女子生徒が相手の男子生徒に「その時は風呂に入っていない」と説得し収まりましたが、今度は別のカップルが「こんな旅館に泊まれないから帰る」と言って、私の制止も聞かず京都駅へ向かったのです。旅館の中が騒然としており追いかけることができないでいると、旅行会社の添乗員が京都駅で追いつき、「君たちが帰ってしまうと、私は会社を首になる」と説得し旅館に戻ってきました。

ようやく就寝時間になったのですが、女子生徒が不安だというので、男子生徒が廊下に布団を持ち出し寝るという異常な状態は続いていたものの、何とか静まり朝を迎えました。

ところが、状況は平静さを取り戻してはいませんでした。女子生徒がご飯をお茶碗に山盛りによそい、はしを二本立てて京都の町へ出て行ったのです。生徒のいなくなった旅館に今夜も宿泊することは難しいということで、急遽、旅館を移動する手配をしました。夕刻、全員が旅館に戻り、経緯を話しバスで別の旅館に移動を始めたとき「先生電話です」と言われ出てみると、一人の女子生徒が「家出するので、旅館には戻りません。先生お世話になりました」という内容でした。私は泣き声で説得し、何とか彼女は戻り、添乗員と一緒に「新しい」旅館に帰ってきました。

もう一つの事件を紹介しましょう。それは倉敷の旅館での出来事です。修学旅行が無事に終わり、帰るためにバスに乗車を始めたとき、旅館の主人が「先生これを見てください」とテレビの壊された入金箱を数個地面に投げ出しました。当時は一〇〇円を入れないとテレビが見られない時代だったのですが、壊された料金箱がいくつか玄関前に「展示」されました。すでに帰りの新幹線の時刻が迫っていて、とにかく東京に帰ってから連絡しますということでバスに乗車しました。

倉敷から東京までの車内のトイレの前で「職員会議」が開かれましたが、解決策は見あたらず、途中で、連結部分での「職員会議」は通行の邪魔になるとのことで、車掌から「解散」を命じられ中断されました。東京に帰り翌日からの学年会議も何ら成果もない中、時間が経過しました。

進展のない日が続きましたが、数日して、私のクラスのP君から電話があり、「犯人は、Xだ」と言うのです。そのことを確かめるべく、全くうかつにも、私がクラスの中でもっとも信頼していたQにPの電話の内容を確認しました。Xは全面的に否定しましたが、翌日、「犯人」を教えてくれたP君が顔などに暴行を受けて登校し、担任団はP君の情報は正しいと判断し、二人の「犯人」を取り調べ退学処分としました。

その後二〇数年してP君と飲む機会があり、それまでわだかまっていた「犯人」を知らせる電話をした後の暴行事件について尋ねると、やはり、私が確認したQから「犯人」へ知らされ暴行されたのでした。この「犯人」は退学し、同じ高校の定時制に転校し卒業したのですが、私のクラスの飲み会には、時々参加して屈託なく話しています。しかし、私の心の隅に残るわだかまりは消えることはないようです。

このような「負担」を負ってまで修学旅行を学校が行う意味あるのでしょうか。この二つの事件は、私を修学旅行反対論者にしました。しかし、生徒たちにとっては、生涯の思い出として大きな意味があることも確かですけれど。

修学旅行の意義を問う声

私の「特殊」な体験を紹介しましたが、修学旅行について一般的な内容をみてみましょう。小学校では、比較的近い観光地への旅行が主流です。たとえば関東ならば日光、箱根、新潟などが多く、関西ならば伊勢志摩が多く、集団での入浴を目的として温泉を選ぶ場合もあります。

中学校では、東京方面では東京ドームシティや東京ディズニーリゾートなどのテーマパーク、東京タワー、スカイツリー、国会議事堂、横浜みなとみらい21、さいたま新都心などのランドマークが多く、関西では京都・奈良の法隆寺、薬師寺、清水寺などの寺院や仏閣など歴史的建築物が多く目的地になっています。私立の中学校では、航空機を利用して北海道や沖縄に行くケースも増えています。

高等学校は、東京や近畿が長く主流だったのですが、近年、自然体験や太平洋戦争の追体験を目的として、北海道、広島、長崎、沖縄などを選択する学校が多く、また、生徒管理の容易さとあいまって体験学習としてスキーを実施している学校もあります。

一九九〇年代以降、日本国内だけではなく、ハワイ、アメリカ西海岸、イギリス、韓国、中国などの日本国外への修学旅行も増えおり、私立では国外への修学旅行を学校の宣伝材料としている場合もあります。

神社仏閣などは、特定の宗教の特別扱いではないかという信教の自由の問題から、神社仏閣めぐりを忌避する学校も増えています。しかし、それらの場所の歴史を学ぶ目的や観光で訪れることが本当に特定宗教を特別扱いしていることになるのかという疑問を投げかける意見もあります。

また、官庁や出版社・新聞社、テレビ局などを小グループによる行動で見学することでキャリアガイダンスの一助にする学校もあり、高校では進学先理解のために大学や研究施設を見学先とする例もあります。大都市圏の学校では、農業などの理解を深めるために、農業体験を行う例もあります。

戦後は、なかなか遠方へ家族旅行に行く機会も持てなかったため、修学旅行によって見聞を広めてもらうことが修学旅行の大きな目的とされていましたが、現在では遠方へ旅行に行く家庭が多くなってきているので、修学旅行の存在意義を問い直す声もあります。加えて目の前に差し迫った進学にマイナスになるとの心配から、一部の有名進学校では修学旅行を廃止した例もあります。

しかし、短い学生時代に友人たちと一緒に昼夜を過ごすことの意義、集団行動の経験などを通し、多感な世代の人間形成に重要であるという認識が主流で、修学旅行に肯定的な見方をする学校が多く、修学旅行そのものを廃止した学校は数少ないようです。

なお、社会的な貧困化の中で修学旅行の費用捻出が困難となった家庭が増えており、私立などの国外を修学旅行先としている学校では、経済上の理由で修学旅行を欠席せざるを得ない生徒もいます。

体育会系のクラブに所属している生徒が、クラブ全体で練習や試合を優先させるために修学旅行を欠席せざるを得ない場合もあったり、特に高校野球などの全国大会ないしはそれにつながる大会を控えている場合には、欠席が当然視されることもあります。

いま、旅行業者が「卒業旅行」と銘打ってパッケージ旅行を売り出すなど修学旅行の意味は大きく変化しています。修学旅行はこのような現状ですが、はじめに紹介した事例のように、教師とっては過重な負担を強いられることもあります。そのことを保護者としても理解し、修学旅行を学校任せにしないで関心を持つことが必要ではないでしょうか。

東京の旅館に宿泊

修学旅行、それは生徒にとって学校行事の中でも思い出の多い行事です。ですが他方、教師にとっては、負担の大きい行事でもあります。そこで、修学旅行でのある事件を紹介しておきましょう。

A君は大分県立工業高校の金属科二年生です。学校の修学旅行は予定通り実施され、初日は大洋フェリーで船中泊、翌日は富士急ハイランドホテルで宿泊し、第三日目の午後五時頃、東京本郷の旅館Tに到着しました。

A君とK君は同じクラスで、金属科の生徒は二日間「竹の間」(二八畳敷の和室で二七名が就寝)と「高砂の間」(二二畳敷の和室で二一名が就寝)を割り当てられ、うち「竹の間」がA君の二班とK君の五班の就寝場所でした。五班の班員のうち数名は、部屋の定員の都合上「高砂の間」を就寝場所と定められる生徒もいました。

旅館に着いて、A君の担任教師は「竹の間」「高砂の間」を確認し、A君、K君を含むクラス全員を「竹の間」に集め、当日の夕食、入浴、自由行動、門限等を注意しました。午後九時過ぎ頃、再びクラス全員を「竹の間」に集合させ人員を点呼し、翌日の日程を周知させたうえ、担任教諭として「竹の間」「高砂の間」を巡回することとし、午後一〇時には消灯を指示し、一〇時半に電灯が点いていたため消灯するよう指示しました。加えて、他クラスの生徒が夜食のために門限を破って無断外出したことが判明していたのでこれに対する注意と指導をし、さらに午後一一時に電灯が点いていたため消灯するよう指示し、午前〇時には、消灯されていたが話し声が聞こえたので就寝を指示しました。

「竹の間」は生徒が思い思いに布団を敷き、午前〇時過ぎまで雑談し容易に就寝せず、K君も割り当てられた「竹の間」から五班の班員の居る「高砂の間」へ行き就寝するような状態でした。

翌日は午前六時半に起床し、午前八時に旅館を出発して上野公園へ行きましたが、午後の予定であった国際劇場での観劇が変更され日劇での観劇となり、そのため予定よりも四〇分程早く午後五時に帰館しました。夕食後の自由行動の前に「竹の間」で枕投げが行われガラスが割られたので、その生徒たちは外出禁止となりましたが、他の生徒は午後九時の門限まで自由行動でした。

当初は冗談を言い合っていたが

その日、担任教師は午後九時一五分頃、「竹の間」にクラス全員を集めて人員を点呼し、外出の際の服装の注意、問題行動の有無の確認をし、さらに、午後一〇時に貴重品の保管上の注意、消灯を指示して、一旦引率教師の宿泊室である「紅葉の間」に帰りました。しかし、午後一〇時半頃、「椿の間」の生徒(電子科)が瑞息の発作を起こしたため、他の教諭とともに看護にあたり救急車の出動を要請、午後一一時四分、救急車が到着し、発作を起こした生徒を送り出し、ロビーで立ち話をしていました。

この突発事故が起こったため、担任教師による「竹の間」「高砂の間」の午後一〇時半、午後一一時の見回りは行われなかったのですが、総務教員と学年主任が、午後一一時頃、独自の判断で各部屋を巡回し、その際「竹の間」は消灯されず、テレビを見る者、荷物の整理をする者、布団を半分に折って雑談している者が居たので、布団の数と対比させ人員を確認したうえ消灯して就寝するよう指導しました。その後、消灯はされていましたが話し声が聞こえたので、話をやめて就寝するよう指示しましたが、一部生徒がビールを飲みに「高砂の間」へ行くという状況でした。

午後一一時一五分頃、「竹の間」の電灯は消えていたものの雑談は続いていた雰囲気のなかで、A君と隣合わせに寝ていたK君が、「屁がでる」と言ったことに端を発し、二人で当初は冗談を言い合い、続いて双方が足で蹴り合ってふざけあう状態となりました。これを見た級友たちも止めないまま、強く蹴られたK君が一時的に激昂して仰向けに寝ていたA君の両足を持ち上げ、これを顔の方へ折り曲げ、右手のこぶしで腰部付近を殴打したところそのまま動かなくなり、異常な事態を察知した級友がロビーに居た教師に知らせたため救急車の出動を要請し、午後一一時三二分に到着した救急車でA君を整形外科病院へ送り入院しましたが、A君はK君の行為によって頸椎を脱臼骨折し、頸髄を損傷したのです。この事故に対して、A君と両親は大分県に対し、この事故は引率教師の過失であると主張して、国家賠償法第一条に基づき一億五〇〇〇万円の損害賠償を求めて提訴しました。

大分地裁は、「高校生の年齢からするとほぼ成人に近い事理弁識能力、判断力を期待でき、修学旅行が生徒の自主性を育てることをもその目的の一部としていることを考慮すると、異常な事態の発生が予見できる状況ではない本件においては、引率教諭にはその課せられた注意義務の履行に欠けるところはないと言わなければならない」（大分地裁、一九八二年五月一九日、『学校事故・学生処分判例集』ぎょうせい）と判示しています。したがって、事故について引率教師に過失があるとは認められないとして、A君と両親の損害賠償請求を棄却しています。

修学旅行の事故裁判について、その経過を詳細に紹介しました。はじめに述べましたように、私は「修学旅行否定論者」ですので、負の側面が中心になっています。あえて繰り返しますが、修学旅行は、積極的に評価できるプラスの側面も多々ありますし、取って付けたようで申し訳ありませんが、修学旅行を有意義な内容で行った数多くの実践があることを申し添えておきます。

体育祭での危険性について教えてください

体育祭での棒倒しを嫌がっているのですが

近くの中学校で、二〇人ちかくで足を結んで走り早さを競う「むかで競争」の最中に、足が揃わず将棋倒しになり、生徒が骨折などの負傷をする事故があったそうです。

息子が体育祭での棒倒しをすごく嫌がっています。かなり暴力的なようで、先生もあまり頼りにならないと言うのです。体育祭は、学校行事として公開され、学校の一大イベントになっていますが、外国ではこのような学校行事はないと聞いたことがあります。先生方は体育祭を盛大にするために熱心ですが、体育祭はいろいろな危険が内在していると思いますので、体育祭の事故について教えてください。

「棒倒し」で蹴られて

多くの人にとって思い出深い体育祭ですが、その体育祭での事故とそこでの学校の責任を紹介しましょう。

A君は福岡大学附属高校の二年生で、体育祭の色別対抗の棒倒し競技に参加し、守備陣の先頭に立って相手方の攻撃を防御する任務でしたが、競技開始直後、腹部を蹴られて転倒したうえ、腹部を数回踏みつけられたため、脾臓破裂等の傷害を負い、長期間の入通院を余儀なくされました。

この事故に対してA君と両親は、学校に危険な棒倒し競技を実施するための計画策定に不備があった、競技のやり方やルール等についての適切な指示・注意を怠った、競技を監督すべき教師の数・配置に不備があった、事故が発生した場合の対策にも不備があった、などを主張し、学校に対し、総額約五〇〇〇万円の損害賠償を請求しました。

これに対し学校は、棒倒し競技は計画、準備の段階から、生徒に対する指示、注意、選手の管理、競技中の監督まで十分な注意を払い、競技に参加する選手の安全を保持するのに十分な措置を講じて実施したものであるし、棒倒し競技は、長年多くの体育祭の種目として実施され親しまれているものであって、殊更危険性が高い競技というわけではない。A君の受傷事故は、突発的な不可抗力な事故である、などと反論しています。

突発的な不可抗力な事故

このような争いに対して判決は、審判団責任者である教諭は、棒倒し競技の実施に先立ち、生徒に対し、ルールを説明するとともに、殴る、蹴る等の暴力行為をしてはならない旨厳しく注意し、暴力行為に対する罰則を告げるなどしたのであるから、事前指導の注意義務は尽くされていたものと認められる、と判示しました。棒倒しの実施に際しては、A君の属する赤組守備側に約一〇名の審判の教諭を配置し、攻防の選手が交錯した際故意に暴力行為が行われないよう監督、監視していました。以前にも棒倒しの競技中に転倒したり、踏まれながらしばらく倒れていることや、倒れたままの状態でいることはしばしば起こっていましたが、それまでは擦傷程度の軽傷を負うことはあっても、骨折や内臓破裂のような重大な事故になった例はなかったようです。しかも、競技はわずか一分間にも満たないものであって、いわば一瞬のうちに終了してしまうことから、生徒も教師も「転倒や軽傷は棒倒しにおいて当たり前のことであまり重大視しておらず、そのため、転倒者が出てもいちいち競技を中断したり、転倒した選手を救助に行ったりしていなかったことも尤もなことと認められる」。したがって、A君の被った傷害も、「ちょうど攻撃陣と守備陣が交錯している集団の中に転倒したうえ、右攻撃の選手の一撃の衝撃が強かったために立ち上がれずにいるところを、複数人に身体の腰部、腹部を踏まれるという不運が重なって出現したことに起因するもので、これまでの棒倒し実施の歴史の中では、通常の予測範囲をこえたものであるといえる」。仮にA君の転倒を発見したとしても救出することは不可能であったので、担当教師には「監督・監視の面においても、安全義務違反ないしは過失があったものとは認めることはできない」と判断し、学校側の責任を否定して、A君と両親の請求を棄却しました。

このように裁判所は、A君の事故はどうにもならない不幸な事故であって、教師の指導には問題はなかったと判断していますが、それにしても、このような「突発的な不可抗力な事故」の危険性が内在している棒倒しを、なぜ体育祭で行うのでしょうか。

「棒倒し」見ずして語るなかれ

この事件とは全く関係ありませんが、都立小山台高校の体育祭を紹介しましょう。その体育祭は、「旧制八中の伝統が生きていて〝男らしい〟校風が見る者に感動を与える運動会になっている。特に二、三年男子による棒倒しは、近所の人たちをして『一日中観戦はできなくても、棒倒しだけは見に来ます』というほどの名物になっており」、「長い練習の成果を発揮しようと、真剣に演技（競技）に取り組む姿は、保護者、地域住民、卒業生を含め二千人の来訪者に深い感銘を与える」。その他、様々な創意工夫、アイデアがこらされ、高度の技術が要求される「二人三脚」、「騎馬戦」、「綱引き」などが観客を魅了し、感動をさせる、というのです。その中、「ハイライトは棒倒し。『小山台高校の棒倒しを見ずして、本校を語ることなかれ』といわれるくらい、今や全国的に知られた迫力のある男の戦いなのだ。年輩者なら、旧海軍兵学校のそれを思い出すだろう。棒のまわりを守る生徒はアンコ（座ぶとんをまるめて頭に載せ、敵から頭を守る）をつけ、攻撃側の主力はヘルメット（アメリカンフットボール用）をつける。攻撃は『棒』を中心に、円形になって並んだところから始まる。人の上に人が飛び乗り棒にたどりつく。しかし、守るほうも必死だからなかなか倒れない。当然けが人もでるので（運動会全体を通じても）、養護の先生は大変だ。卒業生で看護師になった人や、その方面の学校に進んだ女子も応援にかけつける。四団のトーナメントでおこなわれるが、競技者、競技審判員（このときだけは教師も応援する）、観客すべてが一体となって、精根つき果てるまで戦う。もっとも、最近では完全に棒が倒れるのに時間がかかりすぎ、傾き方をみて終了の号砲が鳴ることが多くなったとか。しかし、どんなに興奮しても、ルールやマナーは厳守されるし、『遺恨』をあとに残すようなことは絶対にない」というのです。そして、「最後の団対抗リレーが終わって、得点が累計され優勝が決まる。青春の一日を力いっぱい出しきった生徒の顔は、だれもが満足感に満ちており、……最後に優勝団長の挨拶があるころには、生徒は感涙にむせんでいる」（笠間達夫『学校行事（子どもの権利を生かす生活指導全書六）』一葉書房、一九九三年）。

このように、教師と生徒が一体となって燃焼し尽くすような体育祭は、その程度の差はあっても、多くの学校で見られる事象でしょう。福岡大学付属高校の棒倒しも、このような伝統的行事であったのかもしれません。

このような、運動会での種目は、すでに大正期でも「特に、棒倒しと騎馬戦は種目中の花形であること、加えて伝統的種目である綱引き・徒手体操・二人三脚が演じられ、フィナーレは「教練」であったことが知れる」（今野敏彦『「昭和」の学校行事』日本図書センター、一九八九年）ように、棒倒しと騎馬戦は戦前から一貫して体育祭の種目として位置付いていました。

集団競技への疑念

それにしても、多くの学校の体育祭で、日頃の授業とは比較できないほど生徒は情熱を集中させ、そして感涙にむせぶのはなぜなのでしょうか。おそらく日本の伝統的祭りのように、日常的な授業などでの抑圧を体育祭という「祭り」で発散しているということもあるし、さらに、勝利へ向かってみんなで協同する中で所属する集団の高まりと自己の高まりを同一化し、集団への帰属意識を高めていき、所属する集団の発展に自分も関わっているという授業では得られない充実感を体得するからでしょう。

ですが、このような体育祭での所属集団への帰属意識の高まりは、さらに日常的に学校という集団を第一義的に重視することに転化し、学校が決めたことには無批判に従い、生徒一人ひとりが尊重されることなく集団のための犠牲になることを受認する心性が形成されると考えるのは全くの杞憂なのでしょうか。

また、たとえば棒倒しや騎馬戦を宗教上の理由で参加を拒否する生徒がいるとき、他の生徒達は全体の高揚を乱す者や妨害する者として集団から排除してしまう、あるいは、そのような少数者の考えや行動を認めない、と考えるような心性が形成されることがあれば、そのことは逆に自分が少数者になることを忌避し、いつも多数者の判断に依存し、多数にすり寄るという心性を培うことにはならないでしょうか。

さらに集団に視点を据えれば、体育祭の団体競技で勝利したチームは、そのチームのメンバー全員が勝利に酔う。しかし、当然ですが、一人ひとりの人間に焦点を合わせれば、勝ったチームのすべてのメンバーが負けたチームのすべてのメンバーに優っているというわけではありません。ですが、一般的に学校では、集団行動の結果に注目し、その評価が最終判断になっていることが多いのです。しかし、そこで終わるのではなく、さらに一人ひとりの生徒に視点を移して、たとえば、体力が弱く参加できなかった生徒がいれば、その生徒が疎外されない集団づくりが必要であって、団体競技の結果を終点にせず、そこからさらに一歩踏み込むことも大切でしょう。

若干、団体競技に対する疑念を述べましたが、しかし、体育祭での生徒達の感涙は学校教育にとって重要であって、そのことに異議を述べているのではありません。

体育祭を地域の〝祭り〟に

体育祭や運動会は、日本特有の学校行事だといわれており、諸外国では体操やスポーツは盛んだが、児童・生徒・教員だけでなく、保護者や地域の人々も見に来る「見せる」行事はほとんど見られないといいます。

そのような日本特有の運動会は明治時代、就学奨励ということで、いわば学校教育のＰＲとして運動会・学芸会・展覧会が地域の人々にも公開され、地域の祭りになっていました。

こうした運動会の祭礼的な傾向は、大正期にはいっそう顕著となり、「運動会は学校だけの行事というより、地域社会全体の行事の性格をもっていた。家業の繁忙期をさけて開催し、町村民はこの日を休養にあてて、一家総出で日ごろの労働の疲れをいやす風習があった。盆・正月・祭日・節句などは農村の『物日』であったが、小学校の運動会も季節行事の物日の性格があった」ということです。

当時の運動会は「村をあげての祭典で、近隣の親戚を招待してなかなかの盛会であった。校門のアーチはもちろん、校庭の東側に各部落で思い思いの大アーチを作り、そのため遠くの大門・和田まで杉葉を採りに出かけた。一か月も前から練習や準備にかかり、中でも仮装行列は各部落ともなかなか力を入れたり、「競技場の人がきの外や校門のそばには、あめやせんべい、飲み物を売る店も出て、祭を思わせるような風景を見られ、なんとなくうきうきした気分で一日を過ごした」（吉見俊哉他編『運動会と日本近代』青弓社、一九九九年）といいます。

今も体育祭や学園祭は地域の人々が学校に入れる唯一の「開放日」になっているのであれば、むしろ積極的に体育祭や学園祭を、その街の「祭り」として地域の行事として位置付けてはどうでしょうか。少子化の中で街の祭りが衰退している所もあるし、「おたくの生徒さんが公園でタバコを吸っているから指導してくれ」という電話に悩まされている学校が地域の人々と関わりを持ち、学校を理解してもらうチャンスとして体育祭、学園祭を位置付けられないでしょうか。

体育祭を生徒の手に

ここである学生の意見を紹介しましょう。

僕は高校の時、生徒会の役員であった。生徒会長は選挙で選びはしたものの、儀式的に選挙はすすみ、学校から与えられたことをただこなす選挙だった。

僕は体育委員長だったが、これといった仕事もなく、一番活躍できるはずの体育祭も、何もすることができず、ただ与えられて仕事をこなすだけだった。体育祭はこういうことをしたいと思っても、その希望は通りそうもないし、生徒会自身の雰囲気が、与えられた仕事をこなすだけの集まりみたいな感じだった。

当時は、生徒会とはこんなものかと納得して、自分のやっていることになんの疑問もなかった。それというのも、一年前の人たちがやっていたことを、僕たちもその通りやっていくのが生徒会だと思っていたからだ。

だが、生徒会が学校生活の充実や改善を目指すのであれば、ただ先生の言うことだけを実行し、代弁者になることが、はたして学校生活の充実や改善を図る活動といえるか疑問である。

生徒会が職員会議と対等でなく生徒会が下にあるような現状が続けば、先生の意見だけで動く操り人形になってしまう。そうならないために、生徒会は生徒の意見が反映できるような学校づくりを職員会議と充分話し合える役割を持つべきである。

体育祭を生徒の手に渡すことで、生徒自身も安全性を考慮する力量が養われるのではないでしょうか。体育祭での事故について、すでに一九三〇年代、河野通保は、その原因として考えられるものとして、（イ）運動種目の選定を観客本意にする結果観客の興味を引く事に努めるから自ずと危険な事をやる様になる。（ロ）来客等の賞賛を博せんとして生徒に程度の高い種目を科す結果危険を起こしやすい。（ハ）運動用具の不備・破損。（ニ）号令用の銃火薬の爆発。の四点をあげています（河野通保『学校事件の教育的法律的実際研究（下巻）』文化書房、一九三四年）。この指摘のように体育祭での競技に対する視点が生徒自身のためではなく、むしろ、ショウとして見る側「観客」のために行われていることが、はじめに紹介したような事故の要因にもなっているのではないでしょうか。そのような視座からも体育祭をみていただきたいと考えます。

部活動にはどのような意義があるのですか

上下関係が厳しい部活動

娘は、毎日バレー部の練習に明け暮れ、バレー部のために学校へ行っているのではと思うほどです。そのバレー部では、練習だけではなく生活面でも厳しく、たとえば、どこで会っても目上の人（先生や先輩）には一度立ち止まって、声を出して挨拶しますし、もし先輩が何か動作を起こせば「代わります」と言って進んで代わるそうです。また、自分が練習をしていても先輩が球を転がしそうになると「おねがいします」と自分が拾って差し出すことが、部の伝統になっているそうです。先輩も後輩も同じバレー部の仲間なのだから、一緒に練習するのが「部活動」の本来の目的ではないかと思います。プレイする楽しみを学び、楽しくスポーツすることができないのでしょうか。上下関係が厳しい部活動にどのような意義があるのでしょうか。

私を成長させた部活動

大学生に中・高校での部活動を語ってもらいました。

※私は、部活動から得たものは大きいと思います。現在、一人の人間としてここにいられるのも中学校の部活動の三年間というものが強く影響しています。それは、一年生の時のことであります。一年間野球部の仲間から無視をされました。しかし、一年間耐えてがんばりました。この一年間のがんばりが、あとの三年生の時に喜びになって報われ、我慢してがんばることの大切さを知りました。このことが、小学校の時泣き虫であった私を強い人間に変えてくれたのです。

※私はバスケ部のマネージャーをしていたのですが、やはり授業では学べない上下関係、責任感というものを養われました。三年生、二年生は一年生にとっては「上級生」であります。もちろん言葉使いや態度もきちんとしなくてはなりません。しかし、これらは社会に出ても当然やるべきことであり、義務であると思います。私にとっての「部活動」は何よりも「社会勉強の場」であったと思います。

※私は中学・高校を通じてサッカー部に属していたが、部活で得たものはとても多く、自分の意思でやることのほうが多かった。一、二年の時はグランドの後片付けをやらされたりということで、多少やらされているという意識が強かったように思う。しかし、高学年になればそれはなくなるし、そのような上の立場から下の立場の人間に命令を下すことは、日本のタテ社会に入れば必ずあるもので、私は良い社会勉強であると思う。練習については、確かにつらいが、それを乗り越えることができなければ、どこの世界に行っても役に立たないのではないかと思っている。

※部活動は人間形成にとっても影響すると思う。活動中の人間関係は、中でも最も重要だと思う。苦痛になる事も多いが、それでも精神的、肉体的に必ず大きく成長していく。私の経験からも、試練を乗り越えた後の自分は前よりもずっと強くなっていたし、無意識のうちに自信がつき誇りを持っていた。また、社会の中で周囲を思いやることや、自分を冷静にかつ客観的にみることが身についたと思う。その他にも学ぶことが多く、やり遂げた後の充実感がさらに人間的成長につながっていく。

※僕は中学・高校を通じてサッカー部に所属していたが、「部活」は当該者の精神的な成長というものに大きな影響を与えていると思う。中学の部活では一年生から見ると自分達は「末っ子」であり、二年生は「お兄さん」、三年生は「親」のような存在だったと思う。二年生とは仲良くても三年生は恐れる存在であり、また三年生自身も下級生に対しては毅然として威圧的な態度でいなければならない。こうした疑似家族形態は中学校段階でいえることで、高校では一年生は「新入社員」、二年生は「信頼される上司」、三年生は「輝かしい社長」といった印象だった。これは疑似家族形態よりも精神的に発達した役割分担式会社形態といえる。中学・高校ともに上のものを「先輩」と呼んでいるが、中学では「命令してくる人」というイメージが強かったのに対し、高校では「付いていきたい人」というイメージが強かった。同じ「先輩」という言葉でも、精神の発達段階に応じてその意味あいは微妙に変化していく。

このように、部活動を積極的にプラス評価する意見が多い中で、逆に否定的な意見もあるので紹介しましょう。

※クラブ・部活動についてあまり印象を持っていないのが正直なところです。私の偏見だと思いますが、部活動に日本のタテ社会の縮図を見ずにはいられません。たかが一、二年の年齢の違いで、上下関係が出来上がり、年少者は年長者に意見を言うことも許されない。これはどうみても健康な状態とは思えない。年功序列と格差、首を傾げたくなります。

また、組織（クラブ・部）への忠誠心、その規律を破るものは組織からはじきだされるか村八分にされます。部活動で協調性を養うという長所も感じられますが、私には上には絶対に従う、組織にはイエスしか言わない現代日本社会の精神構造を形成する悪しき温床に思えることしばしばです。

差別と統制

このように部活動に肯定的な意見も多いのですが、他方、学校の中では部活動に参加している生徒、そして指導している顧問の発言力が他の教師より強いこともあります。したがって、部活動が持つ、先輩、後輩の陰湿な従属関係、制裁、いじめ、暴力、人権意識の全面的欠落、精神主義等々負の側面は学校の中では問題にされにくいのです。しかし、このような負の体質が学校全体の体質形成の一つの要因になっていることも確かです。

このような体質が広く各学校に普及するようになったのは一九三〇年代後半からである、と城丸章夫は指摘しています（『城丸章夫著作集　第七巻』青木書店、一九九三年）。「それまでも運動部には一種の精神主義と先輩・後輩の指導・被指導関係があった。しかし、下級生が上級生に奴隷のように仕えて身の回りの世話までし、上級生がしごきと称する体罰を加え、敬礼を強要し、上級生が下級生の行動の細部にわたってまで監視するようになったのは一九三〇年代後半からである。そして、これはあきらかに旧軍隊の内務班(兵営内の生活班)のやり方と人間関係の模倣であり、下士官・上等兵が新兵いじめをするあのやり方の細部までの模倣である。そして、クラブというものが学校当局の直接的支配からは相対的に独立しており、それなりの自治をもっていたからこそ、戦後の学校の民主化のなかで取り残され、軍国主義的やり方をかえって維持・存続する部分となったのである」。そして、その理由については次のように指摘しています。「クラブ集団が自主的に練習したり活動したりするためには、一定の規律が必要である。スポーツの練習のごときはとくにそうである。ところが、戦後の学校教育は、民主的規律を作り出すことを生徒に教えようとはしなかった。いっさいの規律の否定こそが民主主義であるかのようにさえ、ふるまってきた。そうなれば、クラブ集団は、むかしながらの軍隊的なやり方を採用する以外には方法がなかったとさえいえるのである」というのです。確かに戦前の軍隊的規律の残渣が残ったという指摘には、私も首肯します。

武士道野球の残映

さらに時間を戻して高校野球の源流をみることにします。一八九〇年一〇月二四日に東京府立第一高等学校交友会は成立し、野球部もその構成に加わりました。有山輝雄は、当時一高ではスポーツは気晴らしや娯楽ではなく武道としてとらえており、武道としてとらえることによってスポーツが一高エイトスの中で正当性を得たといいます。全国野球大会では大会発足時から武士道的礼儀が重んじられ、「その典型が、試合の開始と終了に際し、審判立ち会いで両チームが本塁をはさんで整列し挨拶する儀式」であるとしています。これはアメリカのベースボールにはなく、日本独特のもので、全国野球の第一回大会から行なわれているのです。さらに、武士道的野球を最も発揮する形態が、トーナメント方式の採用で、このトーナメント予選方式は、どの学校も参加できるという平等制と開放性を保障しており、この方式が新規参入を招き、大会の規模を雪だるま式に大きくさせることになったというのです（有山輝雄『甲子園野球と日本人―メディアのつくったイベント』吉川弘文館、一九九七年）。

このように、武士道野球として発足し発展してきた高校野球は、戦後になってもその精神は変わることなく引き継がれているのではないでしょうか。しかも、今日、甲子園での高校野球は、夏の国民的イベントとして日本人に欠かせないものにさえなっています。そして、有山は、野球が武道としてとらえられたところから、日本独自の野球イデオロギーが生まれたのだとしています。その第一は勝利至上主義。試合とは敵との勝負、なかんずく真剣勝負で、勝つためにはあらゆる努力苦心が集中される。相手チームは打倒すべき敵であって、同じゲームを一緒に楽しむパートナーという見方はできません。第二は精神主義。「練習は技術修得」であると同時に、時にはそれ以上に精神鍛錬、気力養成が重視されます。猛練習によって「選手に不措不屈の男性的意気を叩き込む」ことが目的となります。そして、第三は集団主義。精神を欠如した技術や体格は価値なきものと軽蔑されることです。個々人以上にメンバーの所属する集団の精神の発揮であって、所属する学校の「校風の振起」である、というのです。

このような勝利至上主義は競争至上主義として、精神主義は根性主義に、そして集団主義は今日もなお学校の中で生き続け学校独自の体質を形成する重要な要因になっているのではないでしょうか。そういう側面も合わせ見ることが大切だと考えます。

部活動中の事故で学校の責任は

ゴロの捕球と外野へのノックが並行して

部活動での事故は多く、裁判も数多く争われていますが、その一つを紹介しましょう。

その日の練習は、午前九時の準備体操によって始まり、あらかじめ定められていたスケジュールに従って行われていました。練習に参加していた部員はG先生（野球部顧問）の合図で集合し、キャプテンからレギュラーメンバーだけで試合形式のノック練習を行うとの話を聞き、G先生からは公式戦も近いのでけがないように気合いを入れていこうと訓示がありました。G先生はその前のノック練習の際に右肘に痛みを感じたので、ノッカーとして経験が最も多い捕手のB君に代わらせました。

部員は水分補給をすませ、各守備位置に散っていきました。内野手は一塁手を起点としてゴロを捕り返球する練習を開始、他方、本塁ベースからやや三塁側に寄ったところで、B君は外野手に対するノック練習を開始しましたが、その一球目は目標とする外野手に聞こえるように声をかけ、二球目、三球目は左手でボールを上げて合図して、外野手へ向けて数球ノックしました。

A君は三塁手として肩慣らしの運動のためゴロを捕る練習をしていましたが、一塁手が投げたゴロを捕りこれを返球した直後、外野手に向けてノックをしていたB君の打った球が右眼を直撃し、外傷性散瞳により視力が低下してしまったという事故がありました。この事故でA君（原告）は愛知県（被告）に対して、国家賠償法に基づいて損害賠償を請求しました（名古屋地裁、二〇〇六年一一月二八日、『判例時報』一九六五号）。

想定したような放物線を描くことなく

その事故が起きたとき、G先生はベンチで右肘をアイシングしたり一年生たちと会話を交わしたりしていましたが、何気なくグラウンドの方向に目を向けた瞬間、B君のノック球がライナー性の低い弾道でショートの横を通過していくのを見て危険を感じました。しかしその直後に、B君が、ショートに、もう少し三塁側に寄るよう指示したのを聞いて、内野手もノックに気が付いていると思って安堵しました。

A君は、三塁ベースから斜め後方約二、三メートルの位置に構えていましたが、ファーストが二塁ベース寄りにゴロを投げてきたため、ノックの状況に注意を払うことなくこれを捕球し、さらにピッチャーズマウンド方向に二、三歩ステップを踏んで投げ返した後、元の位置に戻るべく、本塁ベース方向に向きを変えようとしました。

その直前、B君は、目標である中堅手に向けた視野に何も認めなかったことから、球を軽くトスしてノックしたところ、打球は想定したような放物線を描くことなく、左にスライスしつつライナー性の低い弾道をたどって、A君の右眼こめかみ付近を直撃したのです。

具体的に予見することができた

このような事故に対して裁判所は次のように判断しています。「ノックの打ち損じという事態は、いかにこれに習熟している者であっても、その発生を完全に否定することはできないところ、本件のように、同一グラウンド内を内野手に向けられた球と外野手に向けられた球という複数の球（硬式球）が移動しているときは、部員は、とかく自己に関係した球に対してのみ注意を奪われがちになることは自然の勢いであり、かつ、高速度のノック球が人体に衝突した際には、極めて強い衝撃を与え、その部位によっては重大な結果を招きかねないから、かかる形態の練習を漫然と実施した場合には、内野手にノック球が衝突する事故が発生することを具体的に予見することができるというべきである」とし、教師には事故の予見が可能であったと判断しています。そして、やむを得ず、同じグランドで複数の球が移動するような練習をする場合には、「参加者全員が危険性を認識したうえ、とりわけ、このような事故発生の危険を作出するノッカーについては、内野手の動静を十分に把握し、自己の打球が予想外のコースに飛んだとしても、内野手が対応できることを確認すべきであり、内野でゴロ捕り練習が行われているかあるいは行われようとしている際には、これが終了して、内野手の注意がノック球に向けられていることを確実に確認した後でなければ、ノックをしないことが要請されるというべきである。そして、本件のように、ノッカーが生徒である場合には、練習に熱中する余り、あるいは自己の技量を過信するあまり、事故防止の観点から必要な要請を無視ないし軽視して充分な安全確認をしないまま、ノックを行うことが希でないから、練習を指導、監督すべき立場の者が、ノッカーに対して、要請を遵守し、安全確認を徹底するよう注意する義務を課せられているというべきである」。しかし、G先生は、けがをしないよう集中すべきことや、内野手を越えてノックをしてはならないことについては注意を与えていたものの、ノッカーにはそのような徹底した注意を与えていなかったので安全配慮義務を怠ったと判示しています。

正式な練習中ではなかったので

他方、顧問のG先生は、この事故は正式な練習中ではなく、自主的なアップ中に生じたので、アップについて常に監視・指導する義務を負うものではないと主張していますが、裁判所は「なるほど、アップ自体は監督・顧問の指示によって行われるものでなく、部員の自主性に依拠していることは否定できないが、その目的は正式な練習の効果を高めることにあり、実際にも、その前後に行われることが慣例化していたのであるから、監督の指導下にある野球部の練習としては一体のものと評価するのが相当である。そうすると、アップ中であるからといって、部員の安全確保に向けられたG教諭の注意義務が軽減ないし免除されるものではなく、事故発生という危険が予見される場合には、これを予防するのに必要な措置を講ずるべきであることに変わりがないというべきである」として、G先生の主張を認めませんでした。

注意するのは当たり前のことである

さらにG先生は、一つのグラウンド内で外野ノックと内野手のゴロ捕り練習を同時に行う場合、全員がノック球を注視するとともに、ノッカーは声を掛け、周囲を確認してから、すなわち時間差を置いてノックを行うよう事前指導しており、また、これらは野球を行う者、特に一定の技量を備えたレギュラーにとって当たり前のことであるとも反論していますが、裁判所は「なるほど、教諭が、野球部の部活動を指導するにあたり、安全確保にそれなりの注意を払っていたことは、認定事実のとおりであるが、その内容は、けがをしないよう集中すべきことなどの一般的な注意にとどまり、本件のように、同一グラウンド内で外野ノックと内野手のゴロ捕り練習を同時に行う場合において、被告（G先生）の主張するような時間差を置いてノックをすべきことを部員に徹底する指導を行っていたとは認め難い」。一般的に、このような形態の練習での危険性は、少しでも野球の経験を有する者であれば、レギュラーでなくとも容易に推測し得る事柄であることは否定できないとしています。

高校生の判断能力では

裁判所は続けて「さりとて、高校生程度の判断能力では、時には練習に夢中になる余り、あるいは自己の技量を過信する余り、他方の状況を確認せず、時間差を置かないまま、ノックを行うことは十分にあり得ると考えられる。現に、本件においても、かねてより被告（G先生）の代役を務めることが多く、ノッカーとしての技量に一定の自信を有していたと推測されるB君は、内野手の動きを十分に把握しないまま、センターへ向けてノックしたが、打ち損ねたために、ノック球は、意図しない軌跡を描いて原告に衝突したものであり、このような事態の発生は、予見できないものではないから、信頼の原則の法理の適用の基礎を欠くといわざるを得ない」。したがってこの事故は、直接的には、ノッカーのB君が内野手の動きを十分に把握せず、かつノックを行う都度これを周知させる措置を講じない状態で、打ち損じをしたことによるものであるが、このような事態の発生を予防するに足る指導を尽くさなかったと考えられるので、G

先生について注意義務解怠を肯認するのが相当であると判断しています。

したがって被告（愛知県）は、G先生の勤務していた学校の設置、管理者として、国家賠償法第一条第一項に基づき、原告に対する損害賠償義務を免れないと裁判所は判示しました。

ノックの状況を一瞥しさえすれば

この裁判では、A君自身の責任についても、次のように判断しています。まず裁判所は、事故時の状況について次のように整理しています。①B君は、ノックの開始（一球目）にあたって外野手に声を掛け、内野手もこれを認識し得たこと、②原告（A君）は、ゴロを捕球、返球するにあたり、ピッチャーズマウンドの方向に数歩進み、ノック球の本来の射程範囲に接近したにもかかわらず、ノックの状況に全く注意を払っていないこと、③そもそも、かかる練習方法に一定の危険が内在することは、高校生であっても、野球部に所属している以上、当然予想できること、④現に、事故の直前には、遊撃手の近くをライナー性の打球が通過しているのを認識していること、以上のような事情を考慮すると、A君自身も、ゴロを捕球、返球するにあたり、ノックの状況を一瞥しさえすれば、事故の発生を避けることができた可能性が高いといわざるを得ず、したがって、信義則上、原告の被った損害について、過失相殺を行うのが相当であるとして、この事故でG先生の注意義務解怠の内容、程度とA君自身の不注意等を総合すると、A君にも過失があり、その割合は四割であると判断しています。

したがって、A君の損害額は一六四〇万円であるが、四割を過失相殺し九八四万円と判示しています。

スポーツの楽しさを会得することが目的

この裁判の中でA君は、次のように主張しています。「人は、機械と異なって、いくら訓練しても低くない確率で過ちを犯す。一件の重傷事故の前には二九件の軽傷事故が、その前には怪我に至らない三〇〇件の事故があるというハインリッヒの法則*がある。それ故、人は過ちを犯すことを前提として、それを認識、予測して、事故発生を未然に防ぐシステムを考え、実施しなければならない。しかし、他方、人間であるが故に事故を完全に除去することは難しいが、硬式野球部のような、いったんミスが起きれば重大な事故につながりやすい部活動では、監督などの指導者には、一般の教諭よりも慎重な危険防止義務が課せられていることは確かである」とし、「とりわけ、高校における部活動としてのスポーツ練習は、プロ選手を育成するためのものではなく、体力の増強と生涯を通じてのスポーツの楽しさを会得させることを主目的としているから、最優先されるものは安全であり、指導者は常にその確保に全精力を注がなくてはならない」としています。しかし、運動部をめぐる事故裁判は多い。あらためて学校は、部活動の「スポーツの楽しさを会得する」という目的を確認したいものです。

＊ この法則は、導き出したハーバート・ウィリアム・ハインリッヒ（一八八六〜一九六二年）の名に由来している。ハインリッヒはアメリカの損害保険会社で技術・調査部の副部長をしており、一九二九年一一月一九日に論文で発表した。ハインリッヒは、同一人物が起こした同一種類の労働災害五〇〇〇件余を統計学的に調べ、計算し、「災害」で現れた数値は「一：二九：三〇〇」であり、その内訳として、「重傷」以上の災害が一件あったら、その背後には、二九件の「軽傷」を伴う災害が起こり、三〇〇件の危うく大惨事になる災害が起きていたことを明らかにした。

顧問の先生が練習に全く顔を出さないようなのですが

「甲子園監督」がしきっている野球部

息子の高校ですが、野球部監督は、その学校の先生ではなくスポーツ専門学校講師だった方で、教員の普通免許状はないのですが、以前にその学校の野球部監督をしていた時、夏の甲子園に出場したということで「甲子園監督」としての実績があり、四年間で甲子園出場を目指すという条件でその高校の野球部監督になったのです。そのため、休日や夜間練習を導入して基礎から指導するとともに、部員の非行や日常の怠けた振る舞いに厳しい姿勢でのぞみ、監督自身も寮に住み込み、休日の午前には教育相談、午後には野球部の全体練習、夜には個別練習等、昼夜問わず部員を指導し、他の部員を暴行したり、悪ふざけや喫煙をしたり、練習や掃除等の指示を守らない部員を注意する時には暴力を振るってでも指示に従わせようとしています。

学校では、上級生が下級生の腹部を前蹴りしたり手拳で顔面を殴ったりすることがあったり、同じ一年生ですが野球特待生として入学した部員が「お前ら一般生はどうせ試合には出られないんだから、特待生のおれらの練習の補助をすればいいんだ」などと言い個別練習をさせなかったり、特待生部員に陰で暴力を暴力を振るわれ、それを嫌って転校した一般生部員もいるといいます。さらに、その特待生部員は喫煙をしたり、恐喝するなどの不祥事を起こしたりしていますが、監督は特待生に甘く、見過ごしていることもあるようです。

そのような野球部で、顧問の教師は監督に全く任せっきりで練習に顔を出すこともないというのです。このような部活動で問題はないのでしょうか。

明徳義塾が甲子園出場を辞退

少し過去になりますが、野球部の暴力事件について紹介します。それは、二〇〇五年夏の全国高校野球選手権大会です。日本の夏の大きなイベントになっている全国高校野球選手権大会は、二〇〇五年も八月六日から一五日間、甲子園で熱戦が繰り広げられようとしていましたが、その二日前の八月四日、明徳義塾高校（高知）が、部員の喫煙、部内暴力が判明したとして、日本高校野球連盟（日本高野連）に出場辞退を申し入れたことが明らかになりました。

この事件は、二〇〇五年の四月から七月にかけて、部員一一人（二年三人、一年八人）が野球部の寮内で喫煙したり、五月から七月にかけて、一年生部員が上級生から正座をさせられたり、腕や胸をたたかれたりするなどの暴力を受けたというのです。暴力行為は被害を受けた一年生部員の保護者が七月一五日に学校に抗議して発覚しましたが、野球部の監督は事実関係を確認したものの、学校長や高野連への報告をしていなかったのです。これらの不祥事は三日午後、高知県高野連などへの外部からの投書で判明しました。日本高野連は高知県高野連を通じて事実を確認し、この日になって、学校側から出場辞退届と事件の概要報告があった、という事件です（「読売新聞」二〇〇五年八月四日）。

その夏も熱い戦いが終わり、前年に続き北海道の駒沢大学付属苫小牧高校が優勝し、優勝旗を北海道へ持ち帰った二日後、今度は優勝した駒大苫小牧高校の暴力事件が発覚しました。野球部長（教師）が六月に練習中の態度が不真面目だということで三年生の部員を殴り、そして、すでに大会が始まっていた八月七日には、同じ部員の頭をスリッパでたたき、校長はその翌日、部員の親からの電話で事実を知りましたが、高野連へ報告しなかったのです。校長は「報告すれば、選手を引き揚げさせなければならない」と話しています（「朝日新聞」二〇〇五年八月二八日）。

これらの事件を契機にして日本高野連は、全国の高校野球部の調査を行い、九月二一日（二〇〇五年）の審議委員会で高校野球部の不祥事一二三件について審議したと報じられました（「朝日新聞」二〇〇五年九月二二日）。

「暴力の温床」では

駒大苫小牧高校事件発覚後の二〇〇五年八月二七日、日本高野連は「暴力のない高校野球を目指して」（通達）を発表し、その中で「戦後一貫して暴力断絶を強く訴えてきた」としていますが、戦後、同じような事件は何回か起こっていますし、二〇〇一年六月三〇日には、PL学園の出場停止がありました。報道によると「日本高校野球連盟は二九日、大阪市内で臨時の審議委員会を開き、野球部内で暴力事件があったPL学園高校（大阪府富田林市）に対し、三〇日に開かれる全国高校野球選手権大阪大会の組み合わせ抽選会への参加を差し止めることを決めた。この決定により、PL学園は大阪大会に出場できなくなり、今夏の甲子園出場の道も閉ざされた」というのです。そして「日本高野連は『個人の不祥事で連帯責任をとらせる処分はしない』という方針を近年とってきた。今回の決定を下したのは、暴力事件の温床がPL学園野球部全体の日頃の活動にあった、と判断したためだ」と報じています。しかし、PL学園高校野球部部長は新聞のコメントで「ささいなことからのけがで、個人間のことだと認識している。ただ、高野連への報告義務に対しての認識が甘かったと反省している」と話しており、校長は「暴行とはとらえていない。多感な年ごろだから、トラブルはある。その都度指導してきた」とコメントしています（「朝日新聞」二〇〇一年六月三〇日）。

さらに、PL学園野球部の生徒が、先輩部員の暴力が原因で視力が低下して退部に追い込まれ野球ができなくなったとして、PL学園と先輩部員に損害賠償を求める訴えを大阪地裁堺支部に起こした、と報じられています（「神戸新聞」二〇〇五年五月三一日夕刊）。

このように、学校は事件を「隠蔽」しようとしています。正直に報告すれば、出場停止になるのではないか、と危惧したのでしょう。これらの事件は、いずれも親など外部からの「告発」で明らかにされています。したがって、息子さんの学校についても顧問教師、校長などに実情を訴えることが、まずは必要です。そのために、他の部員の保護者と連絡を取り実情を確認することや、ときには外部の教育相談所などの機関に話す必要があります。繰り返しますが、野球部だけで解決することは大変難しいことが多いので、「告発」することを視野に入れて検討してください。では、なぜそのような体質を野球部は内包しているか、少し検討しましょう。

甲子園野球の日本的「意義」

お盆と八月一五日を挟んで繰り広げられる甲子園野球は、連日、しかも全試合がテレビ放映され、新聞は詳細に記事にします。そこには、「若さ」「青春」「汗」「泥」「涙」「炎天下」「ひたむき」「はつらつ」「純真」「高校生」「友情」「敢闘」「一所懸命」「教育の一環」「文武両道」「母校の名誉」「郷土の期待」「アマチュア精神」等の文字が踊ります。そのような甲子園野球は日本の社会的行事になっています。

このような現状についてR・ホワイティングは、「世界のほとんどの国では、アマチュアスポーツはレクリエーションとして楽しまれている。が、日本では、野球が、あたかも学校のカリキュラムの一部であるかのように考えられているのだ。つまり、人生のゴールを目指して歩んでいる生徒たちに対して、規律正しい態度と誠実な心を植えつけるための手段に、野球が利用されているのである」（R・ホワイティング　玉木正之訳『和をもって日本となす』角川書店、一九九〇年）と指摘しています。

また、江刺正吾は、野球部の活動によって規律正しい態度などが養われるということで「日頃の高校教育が抱えている問題が払拭されたような、荒廃し混乱した学校教育の現状とは明らかに離れた大義名分で飾りたてられた『良さ』が一面的に報道されていく。それは教育行政機関にとっても失地回復の好機であり、教育の良さの認識を、このときとばかり売り込むことになる」（江刺正吾他編『高校野球の社会学―甲子園を読む』世界思想社、一九九四年）とも指摘しています。

したがって、「部活動」の一環である甲子園野球は学校教育にとって大きな意義がある活動であると考え、このような意義ある活動では、ある程度の体罰など厳しさも容認されるのだという教師側の傲慢さを生み出しているのかもしれませんし、何よりも勝利至上主義によって厳しく指導するところに、その要因があるのでしょう。前の「話題」でも指摘したように「スポーツの楽しさ」を取り戻したいものです。

生徒会が中心になっていれば「自主的活動」なのでしょうか

生徒会の「心の運動」

息子の中学校では、生徒会の活動として「オアシス運動」が取り組まれていて、その内容は、生徒会で活動目標として次のような「オアシス六か条」を設定し、生徒玄関前に掲示しています。

【具体的活動目標】

〈第一条〉あいさつを励行し、思いやりの心を育てます。

オ「おはようございます」

ア「ありがとうございました」

シ「しつれいしました」

ス「すみませんでした」

〈第二条〉「オアシス」の輪を広げ、あたたかい心を育てます。

家庭・地域社会に「オアシス」運動をすすめます。

一日一善、小さな親切運動を実践します。

〈第三条〉校内の美化につとめ、美しいものに感動する心を育てます。

朝の自主作業に努めます。
花を飾り、環境を美しく保ちます。
〈第四条〉学校生活を充実し、実行する心を育てます。
朝自習を計画的にします。
一時間、一時間の授業に全力をかたむけます。
〈第五条〉物を大事にし、物に感謝する心を育てます。
自分の持ち物に記名し、大事に扱います。
後始末をしっかりします。
〈第六条〉伝統を受け継ぎ、郷土を愛する心を育てます。
部活動をがんばります。
郷土の自然を愛し、郷土の行事に努めて参加します。

自主的活動である生徒会がこのような規範意識を育てる活動を行うことについて、疑問に思っていますが、どうでしょうか。

生徒会とは

生徒会は、保護者からは見えにくい存在だと思いますので、ここで一般的な生徒会活動についてみることにします。

小学校、中学校、高等学校の自治的活動として、小学校では「児童会」、中学校、高等学校では「生徒会」がおかれています。多くの生徒会では、生徒会規約を定め、それによって最高意志決定機関である「生徒総会」、意志決定機関である「生徒評議会（中央委員会）」、執行機関として「生徒会執行部」、「各種委員会」などで成り立っています。以下、もう少し詳細にみることにします。

＊生徒総会

生徒会の最高議決機関であり、基本的な事項の承認、予算・決算の決議、生徒会規約の改廃などを行います。定期的に総会を開く多数の学校と、臨時にのみにしか開かない少数の学校に大きくは分けられていますが、生徒総会がない生徒会もあります。生徒が無関心で総会が形骸化し、提案内容を全学生に周知させるだけの「説明会」と化している学校も多いのです。議案では投票を実施せずに拍手を求め、それをもって決議とみなす場合もあります。

＊生徒評議会（中央委員会など）

生徒総会に次ぐ日常の議決機関として、生徒総会に提出する議案の決議、諸問題の解決、ホームルームや部・同好会・愛好会などに対する連絡調整、その他種々の計画や実施の協議にあたります。生徒総会がない生徒会では、基本的な事項の承認、予算・決算の決議なども生徒評議会で行われています。生徒評議会の構成者は各校によって異なりますが、学級（ホームルーム）から選出された評議員または学級委員（ホームルーム委員）、各種委員会の代表者、部・同好会・愛好会の代表者などです。

＊生徒会執行部

生徒会全体に必要な事務を執行します。生徒会長、副会長、書記、会計などの役職があり、この役員は、生徒により直接選挙で選ばれるのが原則ですが、重要な役職のみを選挙で選出し、残りは選挙された役員が指名する形態を取る場合もあったり、一部では、会長が役員を指名する前に顧問等が適切と考えた生徒を実質的に指名してしまい、生徒の意見が反映されない事例もあります。

＊各種委員会

生徒会の各種業務を実施する実務組織で、予算の大きな部分を占めるのが文化祭や体育祭などの学校行事を計画し実施する委員会です。そのほかに、生活規律に関する委員会、健康や安全に関する委員会、ボランティアに関する委員会、環境美化に関する委員会などがあります。

委員会として文化祭実行委員会、体育祭実行委員会、環境（美化）委員会、給食委員会、飼育委員会、集会委員会、新聞委員会、体育委員会、図書委員会、風紀（生活）委員会、文化委員会、奉仕活動委員会、放送委員会、保健委員会などがあります。

＊選挙管理委員会・監査委員会

＊部活動会議、クラブ会議

部・同好会・愛好会などの部活動団体の連絡調整をする組織で、主な権限は、団体の昇格・降格の決定、部活動に割り当てられた予算の再分配などです。

＊学級委員会、ホームルーム委員会

各学級（ホームルーム）の意志を代表する組織で、学級委員（ホームルーム委員）などによって構成されます。協議内容は、一般的には遠足や修学旅行などについてが多いようです。

＊顧問教員

生徒会を直接指導しますが、管理運営上の責任があることから学校と生徒の自発性とのはざ間で緊張関係（対立関係）になることがあります。

＊職員会議、校長

生徒会での決定や要望を学校として審議するのは、教育条理としては職員会議ですが、近時、校長の一方的決定が優先する学校もあります。しかし、このようなことは生徒の主体性、自発性の面からは望ましくありません。

＊生徒会の連合組織

地域などを単位にして、各学校の生徒会が相互に協力することを目的とする連合組織が設立されることもありますが、生徒の力量不足や無関心から、教師が主体となって組織化されることもあります。

以上、生徒会について「教科書」的な説明をしましたが、ぜひお子さんの学校の生徒会の実状についてみてほしいと考えます。

生徒会活動の問題点

現実の生徒会について説明を移します。生徒会活動について、通知表や調査書（内申書）などの「特別活動の記録」に記載されているので、高等学校や大学などは、元・生徒会役員など、積極的に生徒会活動を行った人を入学者選抜で高く評価することがあります。

このため、自分の本意で生徒会活動を希望しているわけではない生徒が、受験対策として生徒会役員に立候補することもあり、当選を果たしても面倒な仕事をさせられるうえに自分の時間（特に部活動）を削られ、「生徒会役員」という称号のために我慢して在籍していた、といった不純な動機が見受けられます。これは、生徒会活動の目的や生徒自身の発達の点から問題ですが、さらに最近では能力ではなく、容姿、性格等事務能力に関係ない点で選挙に当選してしまうことも問題化しています。また、学園もののアニメ・漫画・ライトノベルなどでは、生徒会が話の舞台となったり、そうでなくとも生徒会役員が出てくることがあり、これらが話の展開上重要な役割を担っていることもあります。このような作品では、現実の生徒会にはない特徴（強大な権限等）を持っていることも多いので、そこからの影響も決して見過ごすことができないでしょう。

大学生が語る生徒会の現在

生徒会について、現在の大学生に語ってもらいました。

※「生徒会活動で何をしたか」と自分の高校時代の生徒会活動を振り返ってみても、何ひとつ浮かんでくるものがない。一年に何度か開かれる生徒総会も部活の予算や会計報告といった事務的な内容ばかりで、生徒会長を選ぶ選挙でさえもただ形式上行っているという感じだった。生徒会活動によって校則を変えていくなど、当時の私たちの学校では思いもよらないことである。

※私が生徒会活動という言葉からイメージすることは、何か無意味なもので、活動をしても何ら変わることがなく自分には関係ないものだったということです。生徒会活動で私が最も心に残っているのは

「ズボンにポケットを」というキャンペーン活動でした。私の高校の男子制服のズボンにはポケットが無かったのです。それは学校長の意志で、ポケットに手を入れている姿がみっともないという考えからでした。それに服装検査も大変厳しいものでした。生徒会では私が高校に入学する以前からポケットをつける要求を出していたそうですが、全く認められず、学校側としては校則は校則であり、その校則を守ることで生徒が自立性、自主性、規律性を養い、勉学の場にふさわしい秩序を確保することであるから変えられないと頭ごなしに押さえつけられ、生徒は何を言っても聞いてもらえないという考えがこのキャンペーンの出した結果であり、生徒と教師との信頼関係というものがなくなっているとみんな感じていました。

生徒会活動として違法

ここで、Ｆ君と彼の両親が生徒会を提訴した事件を紹介しましょう。Ｆ君が通う中学校では、生徒会が朝会に先立って定期的に全校集会、学年別集会や日番集会などを開催していますが、Ｆ君はそれらに参加する義務はないし、両親も子どもを参加させる義務がないことを確認する訴えを生徒会を相手に起こしました。

それに対して裁判所は、生徒会は裁判の当事者としての適格性を欠いているとして、口頭弁論を経ずに訴えを却下し、中学校の生徒会活動の内容について訴訟を提起する場合は、学校設置者である地方公共団体等を当事者として訴える必要があると判示しました（神戸地裁、一九九六年六月五日、『学校事故・学生処分判例集』ぎょうせい）。

時間外の教育活動は違法

裁判では相手にされず却下されましたが、Ｆ君と両親の主張をみることにしましょう。Ｆ君親子は朝開催される生徒会の活動によって生徒の人権が侵害されているし、生徒会活動として違法なものであるとしています。さらに、終始時刻以外の時間での教育活動に「生徒に参加を強制する権限を（校長は）付託されていない。学校長は所定の時間内に所与の教育を行う義務があり、時間外に教育活動を無制限に行うことはできない。それは臨時必要な場合に限られる」とし、「近時、教育界では、家庭や地域の教育力の低下を指摘するが、そもそも学校は生徒を四六時中、学校に拘束して、親が子どもを旅行やハイキングに連れていくこともできず、家事も手伝わせることができないような状況があるのに、一方的な自己（ママ）よがりの見方であるというほかない。子どもはストレスの多い学校に朝から晩まで拘束され、休日も部活に駆り出され、くたくたに疲れ果てて帰宅するのであり、不機嫌な子どもに親は狼狽するばかりであるというのが実態である」と主張しています。

さらにＦ君親子は、「生徒会は、生徒の学校生活に関する様々な点検（服装・所持品・爪や頭髪等）や報告をするが、全校集会や学年別集会ではクラスごとに点数化して報告し、微細な規則を守るように呼び掛ける。基調は全体主義であり、連帯責任主義であるから、個性が埋没してしまう。Ｆ君の学校生活のプライバシーにまで微に入り細に入り干渉される。全体集会で規則を守らなかった生徒を懲罰的に糾弾し、違反者を洗い出すような活動が見受けられる」が、このようなことは「学校が生徒会を表に立てて生徒による生徒の間接的コントロールを図り、直接的責任を回避する巧妙な手法によって生徒を管理するための活動になっているといえよう」とも主張しています。

このような主張には、ただちに全面的には首肯できないかもしれませんが、生徒会について裁判で争うということは、これまでは考えられないことでした。

一般的には、時間外でも教育活動を続けることは、いうなれば教師の熱意の発露と受けとめられていて、それに対して親が抗議することはありませんでした。しかし今日、学校での教育は企業での労働と同じように「強制」されたものと考えられていて、勤務時間外の勤務と同じような発想で学校教育の授業時間もとらえられているのかもしれません。他方では逆に、保護者の教育責任をまったく放棄し、教育を全面的に学校教育に依存しようとする保護者もいるところに、今日の学校教育の難しさがあるのでしょう。

多くの保護者は生徒会にはあまり関心がないかもしれませんが、戦後教育の大きな礎であった生徒会を保護者の視点で様々な角度から注視する必要があると考えます。

第4章　保護者、教師がともに考えるこれからの生活指導

いじめでは保護者にどのような責任があるのでしょうか

娘のいじめで

娘のクラスで、ちょっとしたいじめがありました。担任の先生が、加害生徒と被害生徒の親を呼び出し、話し合ってもらい解決したのですが、生徒だけではなく相互の親の責任についてどのように考えたらよいのでしょうか。

いじめた子の保護者の責任

わが子がいじめや暴行などを受けたとき、相手の子どもの保護者はどのような責任を負うのかについて裁判での判決からみることにしましょう。

五人の中学生が一人の生徒に対して暴行した事件で、加担した生徒の保護者の責任を裁判所は次のように判示しています（さいたま地裁、二〇〇三年六月二二日、『判例時報』一八〇六号）。

「加害生徒の保護者は、それぞれ少年たち五人の親権者であり、それぞれの子を監督し、教育すべき義務を負っている。少年五名には、いずれも以前から、喫煙、ピアスの着用、粗暴な行為、不良グループの結成などの問題行動があったことを加害生徒の保護者は知っていたのだから、少年五名が、早晩弱者に対するいじめや暴力行為等に及ぶことをも十分に予見し得た。それにもかかわらず、加害生徒の保護者は、いずれもその子に対する監督教育に特段の努力をせずこれを放置し、少年五名の問題行動を解消させようとはしなかった。そのため、少年ら五名の非行傾向は深刻化し、被害生徒に対するいじめ行為及び暴行事件を惹起させるに至ったといえる。したがって、加害生徒の保護者には、わが子にたいする監督義務を怠った過失があり、これと少年五名によって惹起された暴行事件により被害生徒に生じた権利侵害の結果との間には因果関係があるというべきであるから、加害生徒の保護者は、民法第七〇九条*、第七一九条*に基づく不法行為責任を負うので損害賠償の支払いを命じる」と判示しています。このようにこの裁判では、加害生徒の親は、わが子の監督義務を怠ったので、親として過失があったとしています。

この事件は中学生なので、それぞれの事件によって、生徒自身の責任が問われるかどうかの判断が異なりますが、高校生の場合は、「成人に近い判断能力がある」とし、大人と同じように高校生自身の責任が問われることが多いようです。

少し補足します。一般的に裁判で、故意とは、損害が発生するかもしれないが、そうなってもかまわないと考えていることをいうのです。

必ず損害を発生させてやる、というほどの強い意志は必要とされていないのです。そして過失とは、不注意なことをすれば特定の損害が発生してしまうということが予測できたのに、その特定の損害が発生するような不注意な行為をしないようにちゃんと注意することを怠けたことです。このような故意または過失によって他人の権利・利益などを侵害することを不法行為といいます。

＊〔不法行為による損害賠償〕
第七〇九条　故意又は過失によって他人の権利又は法律上保護される利益を侵害した者は、これによって生じた損害を賠償する
〔共同不法行為者の責任〕
第七一九条　数人が共同の不法行為によって他人に損害を加えたときは、各自が連帯してその損害を賠償する任を負う。共同行為者のうちいずれの者がその損害を加えたかを知ることができないときも、同様とする。

いじめた子どもの責任

保護者の法的責任をみましたが、いじめた子ども自身の責任についてもみることにします。まず、子どもが、自分のいじめや暴行の結果で何らかの責任が生じるかどうかを判断する能力、責任能力があるのか、ないのかです。一般的には小学校を卒業する一二〜一三歳程度になれば責任能力があるものと考えられています。したがって、中学生は責任能力があるのかどうかの判断が難しい年齢です。

子どもに責任能力がない（責任無能力者）と判断されれば、責任無能力者として、損害賠償責任を負わないことになっています（民法第七一二条*）。したがって、責任能力のない子どもが友だちをいじめて損害を与えた場合には、その子どもが責任を負わない代わりに、監督義務者である保護者が十分な監督義務を尽くしたことを証明しない限り、保護者が賠償責任を負うことになっています（民法第七一四条*）。

では、責任能力があると認められたときには、子ども自身が賠償を支払うことになりますが、一般的に子どもには支払い能力はありません。そこで保護者が損害賠償責任を負うかどうかが問題となります。こ

のような場合、監督義務者である保護者に不注意があり、その不注意といじめによって発生した損害との間に相当因果関係があれば、一般の不法行為責任（民法第七〇九条）を保護者が負わされることになり賠償責任を負うことになります。約めていえば、子どもに責任能力があっても、保護者の指導が不十分であれば保護者も賠償責任を負うということです。いま最高裁もそのように判示していますし、通説でもあります。

＊〈関連する法律〉

〔財産以外の損害の賠償〕

〔責任能力〕

第七一二条　未成年者は、他人に損害を加えた場合において、自己の行為の責任を弁識するに足りる知能を備えていなかったときは、その行為について賠償の責任を負わない。

〔責任無能力者の監督義務者等の責任〕

第七一四条　前二条の規定により責任無能力者がその責任を負わない場合において、その責任無能力者を監督する法定の義務を負う者は、その責任無能力者が第三者に加えた損害を賠償する責任を負う。ただし、監督義務者がその義務を怠らなかったとき、又はその義務を怠らなくても損害が生ずべきであったときは、この限りでない。

いじめられた生徒自身と保護者の責任

これは別の事件です。その内容をまず紹介しましょう。

A君は、中学二年の四月の転校当初から、偽のラブレターで揶揄されたり、机を廊下に持ち出され、机の中の教科書を窓の外に投げ出されたり、複数回にわたってノートに「死ね」「おまえはのろわれている」「さよなら」「みんながきらってるぞー」「うざってーきえるんだ」等の落書きをされました。机にも「ばか」「死ね」との落書きをされ、教科書を教室のロッカーに隠されるなどし、鞄、机や椅子にチョークの粉をつけられたり、椅子の上に画びょうを置かれたり、足を蹴られたり、ジャンケンゲームの際に頬を力一杯つねられたり、ベランダ遊びの際に叩かれたり、蹴られたりしました。自殺の一週間前には、教室に掲示された学年キャンプの時のいじめている生徒の写真に画びょうが刺さり、A君が犯人であるとして、逆にA君の写真に画びょうが刺されました。自殺の二日前には、いじめ生徒たちがテストの点数を見せ合い、A君が点数を見せるのを拒絶したので、教科書をごみ箱に捨てられました。自殺前日には、机に「ばか」「あは」と落書きをされ、黒板消しで叩かれ、マーガリンを塗られ、椅子に画びょうを置かれ、机の中の教科書にもマーガリンを塗られたのです。A君は自殺当日に登校してこのような状況をみて、帰宅後に自殺しました。

このようないじめ自殺事件で裁判所は、いじめられ自殺したA君自身に責任を科しています。その内容をみてみます。

過失相殺の事由

裁判では過失相殺という制度があります。これは、いじめられて自殺したとき、その保護者が被った損害の賠償を求めて裁判で請求するのですが、その損害賠償の額を定めるとき、いじめた加害者に全面的に負担させるのではなく、いじめられた被害者にも過失があればこれを斟酌して損害の分担をする制度です。たとえばいじめた側に損害賠償一〇〇万円が決まっても、いじめられた側にも過失があれば減額され、過失相殺四割だと損害賠償は六〇万円ということです。

この事件では、いじめ加害生徒が共同していじめたということを裁判所は認めていますが、しかし、横浜地裁も東京高裁も自殺したA君自身にも責任があるとしています。東京高裁は「本件いじめ行為のようないじめにあった生徒であれば必ず自殺に至るというものではなく、自殺は、被害者の意思的行為であり、その心因的要因が寄与しているうえ、A君においては、いじめ行為を受けたことによる苦悩を担任教諭にも両親にも打ち明けたことがなく、これに対する打開策がとられる機会を自ら閉ざした面があること、いじめ行為のうちの個々の行為には、A君の言動に触発されたり誘発されて行われたものがあるなど、A君自身にもその原因に関与している場合があった」として、自殺したA君自身の責任を認定しているですが、自殺した子ども自身に、その責任を科すことには強い疑問があります。

横浜地裁は、保護者の責任について、「義務教育とはいえ、子どもの教育は本来的には保護者が第一義的責任を負担しているというべきである」とし、「担任教師も十分とはいえないが把握した範囲で指導していたので、自殺という重大な結果に対して学校側にすべての責任があるということは相当でなく、学校から帰宅後や祝日など家庭でA君と生活を共にしていた原告（両親）らにも、A君がトラブルの渦中にあったことを看過し、注意監督を怠ったことについて相当の責任があるというべきである」としています。

東京高裁は、「子どもの教育・養育は、学校におけるものと家庭における保護者によるものとが併行して行われるものであり、保護者においてその責任を負担していることは明らかであるところ、被控訴人ら（両親）において日頃のA君との親子のふれあいが十分でなかったことがうかがわれる」として、保護者の家庭での責任を指摘しています。多くのいじめ裁判ではありませんが、一部の裁判では、このようにいじめで自殺した子ども自身、そしてその保護者にも責任を科していることを一応理解しておく必要があるでしょう。

学校からの保護者への情報

多くのいじめ裁判で訴えられていることですが、学校が保護者へいじめについての情報を伝えていれば未然に事故が防げたのではないかと保護者は主張しています。

この裁判でもA君の両親は同じ主張をしていますが、横浜地裁は「原告ら（A君の両親）は、英語のノートに対するいたずら書き、じゃんけんゲームにより青あざを作ったこと、A君の机の上にいたずら書きがあったこと、女子生徒との間でトラブルがあったこと、A君が足を引きずって歩いていたこと、転校前の中学校でA君が少しいじめられていたことについては認識していたのであるから、たとえ担任教諭から、心配ない、対処した等と説明を受けたことがあり、A君自身が家庭において（加害生徒の）共同不法行為などについて明確に語らなかったとしても、A君を巡って複数のトラブルが続いて起きていることを考慮して、原告ら（両親）においても、A君との対話を通じるなどして、学校生活におけるA君の状況を十分に把握すべきであり、A君が自殺までに追い込まれるほど精神的・肉体的負担を感じていたことに気付かなかったこと自体、A君の両親である原告らのA君に対する監護、教育、注意が十分でなかったことを示すものというべきである」と判示しています。したがって、損害賠償を四割減額しています。

そして、東京高裁も同じように「両親においても、A君との対話を通じるなどして、学校生活における状況を十分に把握すべきであり、自殺にまで追い込まれるほど精神的・肉体的負担を感じていたことに気付かなかったこと自体、両親の監護養育が十分でなかったことを示すものというべきであるし、マーガリン事件等が報告されさえすれば、必ず自殺を防止できたともいえないから、両親の主張は理由がない」と判示し、横浜地裁が四割の過失相殺だったのを東京高裁は七割に変更しています。

私たちから考えれば、このような裁判所の判断は全く理不尽ですが、一応認識しておく必要があるのではと考えます。

校則について子どもたちは発言できないのでしょうか

校則に疑問

娘の学校では、次のような校則があります。
＊携帯・音楽機器は朝提出。提出せずにばれたら、没収・呼び出し・反省文。
＊ゲームセンター禁止、カラオケは保護者同伴。
＊肌着は白・肌色。名札・校章学年章は必ずつける。
＊教科書貸し借り禁止、お菓子禁止。
＊体操服の長袖のファスナーはしめる。
等々と続きます。確かにある程度校則は必要ですが、あまりにも細部にわたる校則には疑問を持ちます。

標準服着用を強制するのは権利侵害だ

多くの生徒も保護者も校則は学校が決めるもので、校則を変えることはできないと考えていませんか。

校則は、いうならば学校の「法律」で生徒にとっては、重要なことです。であれば、遵守しなければならない生徒自身の意見が反映されることなく決められてよいのでしょうか。そこで、子ども自身か、一方的には、校則に従う義務はないと訴えた訴訟を紹介しましょう。

その一つは、京都の女子中学生が、校則で定められた標準服を強制するのは権利侵害だとして訴えた裁判です。これに対して京都地裁は、「原告の主張する標準服着用義務は、その義務自体が直接に強制されるような義務ではなく」、「標準服着用義務不存在確認の訴えの趣旨は、原告が任意にこれを着用しないときに、何らかの不利益が生ずるのを防止するために、右義務の存否を事前に確定しておくところにある」と述べて、さらに「具体的、現実的な争訟の解決を目的とする現行訴訟制度の下では、その義務の履行によりて侵害を受ける権利の性質とその侵害の程度、違反に対する制裁としての不利益処分の確実性およびその内容または性質等に解し、不利益処分を受けてからこれに関する訴訟の中で事後的に義務の存否を争ったのでは回復しがたい重大な損害を被るおそれがある等、事前の救済を認めないことを著しく不相当とする特段の事情がある場合でなければ法律上の利益は認められない」としています（京都地裁、一九八六年七月一〇日、『判例自治』三一号）。

分かりにくい文章ですが、裁判所は、入学してから制服の着用によって、著しく権利の侵害が予想され、その侵害によって権利が回復することが難しく、入学前に救済しなければならないような特別の事情がなければ、裁判に訴えることはできないと判示しているのです。このように裁判所は全く女子中学生を相手にしていませんが、標準服の強制は権利侵害だと訴えた中学生がかつていたことを銘記したいものです。

小学生が訴えた中学校の校則

もう一つの訴訟は、兵庫県小野市の小野中学の校区の小学校に在学する小学生が、小野中学の校則で定められた丸刈り[*1]、外出時の制服着用を定める規定に従う義務のないことの確認を求めた裁判です（神戸地裁、一九九四年四月二七日、『判例自治』一二三号・大阪高裁、一九九四年一一月二九日・最高裁判決、一九九六年二月二二日、『判例時報』一五六〇号）。

小野中学校の校則は、「頭髪は……丸刈りとする。指の間から出るまでに刈る」、「外出のときは、制服又は体操服を着用し（公共施設は大型店舗等を除く）校区内は私服でもよい。行き先・目的・時間などを保護者に告げてから外出し、帰宅したら保護者に報告する」と規定されています。

これに対し、小野中学校の学区内の小学校に在学する五学年のA君（原告）とA君の両親、さらに弟たち（参加原告）が、小野中学校長と小野市教育委員会を被告に、男子生徒の丸刈りと学校外での私服の禁止を定めているこの校則は違憲・違法であるとして、小野中学校の校則の無効確認及び取消しを求めて訴えました。

この裁判は、まだ入学していない中学校の校則で、長髪が禁止されるなどの権利侵害が予想されることに対して、予め校則の無効確認を求めた裁判ですが、最高裁は小野中学校の「生徒心得」には「次にかかげる心得は、大切に守ろう」などの前文に続いて「丸刈りとする」、「外出のときは、制服又は体操服を着用」などの定めが置かれているが、これに違反した場合の処分等の定めは置かれていないので「生徒心得」は「生徒の守るべき一般的な心得を示すにとどまり、それ以上に個々の生徒に対する具体的な権利義務を形成するなどの法的効果を生ずるものではないとした原審（大阪高裁）の判断は、首肯するに足りる。

これによれは、「中学校生徒心得」にこれらの定めを置く行為は、抗告訴訟[*2]の対象となる処分にあたらないものというべきであるから、本件訴えを不適法とした原審の判断は、正当として是認することができる」として、最高裁はＡ君と両親などの訴えを却下しています。

＊1　いま、丸刈り強制はあまり行われていないので、「茶髪」など身体の一部への校則による強制と置き換えてみてください。

＊2　抗告訴訟とは、行政事件訴訟の中心的訴訟形式で「行政庁の公権力の行使に関する不服の訴訟」（行訴法第三条第一項）と定義されている。行政事件訴訟法は、抗告訴訟として、①処分の取消しの訴え（行訴法第三条第二項）、②裁決の取消しの訴え（同条第三項）、③無効等確認の訴え（同条第四項）、④不作為の違法確認の訴え（同条第五項）の四種を明文で定めているが、これらを法定抗告訴訟という。しかし、この他のタイプの抗告訴訟を無名抗告訴訟といい、判決が行政庁に対し特定の処分をなすことを命じる訴訟、いわゆる義務づけ訴訟と、逆に、行政庁が一定の処分をなすことに対して、事前に差止めを求める訴訟である予防訴訟がある。この訴訟は予防訴訟にあたる。

生徒心得は強制力がない

そこで、原審である大阪高裁の判断をみると、「中学校生徒心得」は「生徒に対し、校内秩序の維持や生活指導の目的から、通学時や学校の内外の生活においての、身なり、作法、生活態度等の規律を定めるものであり、本件で問題とされる生徒の髪型や学校外での制服若しくは体操服の着用に関する部分も、その身なりについての規律の一つであるが、それらは、同校生徒が守るべき一般的な心得を示すに止まり、それ以上、これに違反した場合の処分など、個々の生徒に対する具体的な権利義務その他の法律効果を生ぜしめるものでないことが認められる」として大阪高裁は訴えを却下しています。

中学校の校則は、生徒全員に対する一般的な心得であって、一人ひとりの生徒に対しては、権利侵害はない。丸刈りという規定は単なる訓示規定であって法的義務はないとしています。だが、はたして、校則（生徒心得）は「一般的な心得」であって生徒の権利を侵害するような強制力はないのでしょうか。

生徒心得は具体的な「命令」

校則の強制力について阿部泰隆は、次のように指摘しています（阿部泰隆「丸刈り強制校則の処分性と入学前の生徒原告適格」『ジュリスト』一〇六二号、一九九五年二月一五日）。「先生が長髪の生徒に対して丸刈りにして来いと命令すれば、（これに違反した場合の強制丸刈りを待たず）すでに個人の市民的な（学校外にも及ぶ）人格的自由を侵害するから、処分であると考える」。そして、丸刈り校則は、校則に従いなさいという命令を学校としてまとめたにすぎないから、「長髪の生徒が丸刈りにしなければならない義務は校則に続く処分を待たずにすでに校則の存在により確定している。したがって、校則は処分として、抗告訴訟の対象になると解するのが合理的である」。

また、「校外でも制服を着用せよという校則も、私服を着て、先生に見とがめられて、制服に着替えなさいといわれて初めて具体的な命令だという考えもあろうが、皆さん、校外でも制服を着用しなさいという先生の言葉を命令と考えれば、それを書面化した校則は具体的な命令といえる」と指摘しています。

また、最高裁判決が、「違反した場合の処分等の定めは置かれていない」と指摘していることに対して、永野恒雄（永野恒雄「学校を知らない最高裁の判決」『月刊生徒指導』一九九六年八月号）は、「これほど学校の実情、教育の実際を知らない論理があるだろうか。『心得』という名であれどうであれ、校則である以上生徒は従わざるを得ない。それが学校というところなのである。違反に対する罰則規定がないとしても、教師からの叱責、他の生徒からの非難（またはいじめ）、地域社会の圧力等、それにかわる『事実上の罰』がいくらでも存在する。これが学校という空間なのである」と批判しています。

懲罰を背景にした「遵守」

確かに、校則に従わず長髪にしている生徒を教室に入れないとか、校則を守らない生徒はクラスの委員にはさせない、クラブ活動に参加させないとか、とくに「内申書記載」を暗黙に意識させたりすることがあります。しかし、一人だけ校則に反して長髪を認めれば学校全体の秩序が維持できない、という「危機感」が学校にはある。したがって校則を遵守させるためには、どうしても強制力は必要だと考えてしまいます。

だが、「校則を生活指導基準と解すれば、校則違反は教育的指導に対する不服従もしくは反抗であり、これは生活指導における教育的指導の不充分さをあらわしているにすぎず、さらなる教育的指導の強化を要請するだけである」（市川須美子「校則裁判と教育裁量」神田修編著『教育法と教育行政の理論』三省堂、一九九三年）のであって生活指導では「罰」を梃子にして校則を守らせるのではなく、あくまで、「強制力」を背景にしない教育的な指導が必要であるという指摘があります。しかし、そのよう指導は時間がかかり、慌ただしい学校の中では理想論にすぎないかもしれません。ですが、教育は本来、生徒と教師が共に希望でしょうか。を語る場ではなかったのではないでしょうか。そうであれば、学校での「強制力」を改めて考えてはどうでしょうか。

保護者として考えることの大切さ

大阪高裁は、A君たちは「現に小野中学校に在学する生徒あるいはその保護者ではなく、単に、将来、同校に入学が予定されている児童あるいはその保護者という立場に過ぎないものであるところ、その程度では、本件規則の制定行為につき、その無効確認又は取消を求めるべき法律上の利益があるとはいえない」と、A君は小学生なので訴える利益がないとして、A君たちの訴えを却下しています。だが、中学に入学して、具体的に権利侵害があってから訴えれば、在学中の権利侵害は救済できないし、裁判の進行中に卒業すれば訴えの利益がないということで、これまた却下される可能性が高いと思います。このように予防訴訟は難しい裁判ですが、この小野中学のA君のような視点を今後、注目する必要があるでしょう。

市民であれば何ら責任を問われることがない丸刈り（茶髪）などが、中学生ということで校則という学校内の「法」で禁止されています。このように社会で認められている「法」と校則という「法」が、ある意味で「矛盾」している事があります。これ以外にも、たとえば、合法的に取得した運転免許も校則違反になったり、一章「喫煙が見つかり退学処分とは」で紹介したように、未成年者喫煙禁止法は、未成年自身の処罰を規定していないで、未成年者を監督する者やタバコ販売者を処罰の対象にしていますが、校則で未成年者自身を自宅謹慎、時には退学勧告などの処罰の対象としている学校もあります。保護者としては、このような視点で生徒心得などを見る必要があるでしょう。

最高裁「体罰」判決のゆくえ

体罰は必要なのですか

息子の中学校で部活動の先生が時々殴っていると聞きました。その部では、先生から多少の体罰は勝つために必要だからと子どもたちや保護者に話しているようです。このようにあらかじめ「了解」が得られれば体罰は認められるのでしょうか。過日、最高裁判所が体罰を認めるような判決を出したと聞きましたが、詳しく教えてください。

大声で「もう、すんなよ」と叱った

体罰事件の最高裁の判断をみることにしましょう。この事件は、天草市立小学校の二年生A君（原告）が、教員Cに体罰を受けたということで提訴した事件です。Cは三年生の担任でA君との面識はなかったのですが、その日、一時間目の休み時間にCは、校舎一階の廊下で、コンピューターをしたいとだだをこねる三年生の男子をしゃがんでなだめていました。この男子は発達障害に近い児童で、対応が非常に難しい児童であったために、学年全体で協力して対応しようということになっていました。そこにA君が通り

かかり、Cの背中に覆いかぶさるようにして肩をもみ、Cが離れるように言っても、A君は肩をもむのをやめなかったので、Cは上半身をひねり振りほどいたというのです。

そこに六年生の女子数人が通り掛かったところ、A君と同級生のB君二人で、じゃれつくように六年生の女子を蹴り始めた。Cはこれを制止し、このようなことをしてはいけないと注意しました。

その後、Cが職員室へ向かおうとしたところ、A君が後ろからCのでん部付近を二回蹴って逃げ出したので、Cはこれに立腹してA君を追いかけて捕まえ、洋服の胸元をつかんで壁に押し当て、大声で「もう、すんなよ」と叱ったのです。

その夜一〇時頃、A君は大声で泣き始め、母親に「眼鏡の先生から暴力をされた」と訴え、その後A君は、夜中に泣き叫び、食欲が低下するなどの症状が現れ、通学にも支障を生ずるようになり、病院に通院して治療を受けるなどしましたが、これらの症状はその後徐々に回復し、元気に学校生活を送り、家でも問題なく過ごすようになりました。その間、A君の母親は、長期にわたって、学校にCの行為について極めて激しい抗議行動を続けていました。

このような事件に対してA君は、Cから違法な体罰を受けPTSDになったとして、天草市を相手に三五〇万円の損害賠償を求めて裁判に訴えたという事件です。

熊本地裁・福岡高裁の判断――教育的指導の範囲を逸脱している

熊本地裁（二〇〇七年六月一五日）は、個人的な感情をぶつけたもので、教育的指導の範囲を逸脱している、としたうえで、A君の主張していたPTSDとの因果関係も認め、およそ六五万円の慰謝料の支払いを命じました。福岡高裁（二〇〇八年二月二六日）は、ＰＴＳＤについては否定したものの、胸元をつかむという行為は、けんか闘争の際にしばしば見られる不穏当な行為であり、Ａ君を捕まえるためであれば、手をつかむなど、より穏当な方法によることも可能であったはずであること、Ａ君の年齢、身長差や二人がそれまで面識がなかったことなどから、Ａ君の被った恐怖心は相当なものであったと推認されること等を総合すれば、この行為は、社会通念に照らし教育的指導の範囲を逸脱するものであり、禁止されている体罰に該当し、違法である、として地裁判決を支持し、天草市に慰謝料二一万四一四五円の支払いを命じています。

いずれの裁判所も「胸元をつかむ」という教員の行為は、学校教育法第一一条に規定されている体罰に該当すると認めています。

最高裁の判断（1）——教育的指導の範囲を逸脱していない

しかしながら、最高裁（二〇〇九年四月二八日、『判例時報』二〇四五号）は福岡高裁の判断は是認することができない、として逆転の判断をしたのです。その理由をみてみましょう。

ＣがＡ君を追いかけて捕まえ、その胸元を右手でつかんで壁に押し当て、大声で「もう、すんなよ」と叱った行為は、児童の身体に対する有形力の行使ではあるが、他人を蹴るというＡ君の一連の悪ふざけについて、これからはそのような悪ふざけをしないようにＡ君を指導するために行われたものであり、悪ふざけの罰としてＡ君に肉体的苦痛を与えるために行われたものではないことが明らかであるとし、Ｃは、自分自身もＡ君による悪ふざけの対象となったことに立腹してこの行為を行っており、この行為にやや穏当を欠くところがなかったとはいえないとしても、この行為は、その目的、態様、継続時間等から判断して、教員が児童に対して行うことが許される教育的指導の範囲を逸脱するものではなく、学校教育法第一一条ただし書にいう体罰に該当するものではない。したがって、Cの行為に違法性は認められない、として、それまでの判決を破棄し、A君の請求を棄却しています。

このように熊本地裁は、Cの行為は「感情をぶつけた行為」だとし、福岡高裁は「年齢差・身長差」を考慮して体罰としていますが、地裁、高裁、そして最高裁も「穏当ではない」という点では共通しつつも、最高裁は、Cの行為はその目的（悪ふざけの制止）・態様（胸ぐらをつかみ、大声で怒鳴る）・継続時間（短時間）などから教育的指導の範囲を逸脱しないと結論づけて、体罰ではないと判示しているのです。ただ、最高裁判決は、あくまで「胸ぐらをつかむ程度のことは体罰とはいえない」としたのであって、すべての体罰を容認しているのではないことを留意する必要があります。

極めて激しい抗議行動を続けた

最高裁は、判決の中では「その間、A君の母親は、長期にわたって、小学校関係者にCの行為について極めて激しい抗議行動を続けた」としていますが、この「極めて激しい抗議行動」について熊本地裁判決では、かなり詳細に事実認定しているので、その一部をみることにしましょう。

A君の母親は学校に電話で抗議し、校長が詫びたが来校して説明を聞くことになり、母親とその実兄が来校し話し合いがもたれました。教師が当時の状況を説明したところ、その状況説明の途中から、母親の抗議が始まりました。

母親は、「A（君）は成長過程の重要な時期にあり、その過程で教師Cに恐怖心を植え付けられ心に傷を負った。これが将来に影響すればどうするのか」、「Cの監督責任は、管理者である校長及び教師の今後にも影響するかもしれない」、「伝統ある小学校にCのような先生はいらない」、「学校側からの謝罪を文書で回答してもらいたい」、「事案発生から今日までの間に、なぜA（君）に講師Cは謝らなかったのか」、「自分が要求しているのはCがいなくなることである」、「警察に突き出そうと思えばできる」、「教育委員会とか天草教育事務所、県教育委員会に言うこともできる」、「弁護士に相談することもできる」、Cは「三年A組の児童の胸元を掴む行為をしている」、「女の子にはしていない、そういうところには悪知恵が働いている」、「Cのような子どもを育てた親の顔が見てみたい」、「抗議してきたことを（Cの）親に言っているのか」といった抗議を一方的に続け、最後には母親の実兄が帰宅を何度も促す状況が続き、午前〇時ごろ話し合いは終了しました。このような抗議を皮切りにその後も激しい抗議活動が続いていきました。

この事件は、一般的には学校との話し合いで解決できるのではないかと考えますが、話し合いが最初から全く成立しない関係になっています。

判決が出された後、徳島県の小学校男性教師は、保護者からのクレームを恐れて教師たちが必要以上に萎縮していると感じていて、「以前よりも無理な注文が増えた。『体罰』と訴えられるのが怖いから『触らぬ神にたたりなし』とばかり指導せず、学校現場がうつむきがちになっているようだ」。それだけに判決には「ほっとした」と話しています（『毎日新聞』二〇〇九年五月二三日）。

生き続ける「水戸五中事件」判決

戦後の体罰裁判史上、それまでの体罰に対する厳しい判断の流れを転換させたといわれている裁判に「水戸五中事件」(東京高裁、一九八一年四月一日、『判例時報』一〇〇七号)があります。この事件は、中学校の教師が生徒の頭を数回軽くたたいた行為について、仮にそれが見ず知らずの他人に対してなされたとした場合には他に特段の事情が存在しない限り有形力の不法な行使として暴行罪が成立する行為であると認めながら、この事件での行為は、学校教育法第一一条により教師に認められた正当な懲戒権の行使として許容された限度内の行為として違法ではないと判示しました。この裁判で、体罰ではなく「有形力の行使」という用語が使われていることに注目してください。

この裁判で裁判所は、「裁判所が教師の生徒に対する有形力の行使が懲戒権の行使として相当と認められる範囲内のものであるかどうかを判断するにあたっては、教育基本法、学校教育法その他の関係諸法令にうかがわれる基本的な教育原理と教育指針を念頭に置き、更に生徒の年齢、性別、性格、成育過程、身体的状況、非行等の内容、懲戒の趣旨、有形力行使の態様・程度、教育的効果、身体的侵害の大小・結果等を総合して、社会通念に則り、結局は各事例ごとに相当性の有無を具体的・個別的に判定するほかはないものといわざるをえない」と判示しています。

しかし、この判決に対しては、適法な有形力の範囲内か否かの判断基準に、生徒の非行等の内容、懲戒の趣旨、教育的効果等主観的要素が含まれており、体罰か否かの区別をあいまいにするおそれがある等の批判が当時ありました。

そして、二〇〇七年の文部科学省の通知は、「教員が児童生徒に対して行った懲戒の行為が体罰にあたるかどうかは、当該児童生徒の年齢、健康、心身の発達状況、当該行為が行われた場所的時間的環境、懲戒の態様等の諸条件を総合的に考え、個々の事案ごとに判断する必要がある」「児童生徒に対する有形力の行使により行われた懲戒は、その一切が体罰として許されないというものではない」としており、「水戸五中事件」判決が反映されていますし、今回の最高裁判決も基本的には「水戸五中事件」判決に近い考え方が前提とされているのではないでしょうか。

なぜ最高裁は体罰を「容認」したのか

では、なぜ最高裁は、地裁判決、高裁判決を破棄し逆転判決をくだしたのでしょうか。いま、文部科学省は、生徒指導で「ゼロ・トレラン（寛容なし）」導入を喚起していますが、その背景はいじめ・校内暴力をはじめとする子どもたちの「荒れ」や「問題行動」です。しかしその基底には、新自由主義がもたらす経済格差の拡大、それに伴って教育格差が拡大し、それへの対応が混迷しています。そのことによって「荒れ」や「問題行動」が増幅することが予想され、そのような現象に対して管理的な強権指導を文部科学省は発動せざるをえないと考えているのではないでしょうか。このような状況の中で「学校秩序の維持」という名目のもとに教育指導が硬直化し、その硬直化した指導に呼応して最高裁は、体罰「容認」的判断をしたのではと考えます。

判例を中心に体罰についてみてきましたが、最後に「体罰は必要なのですか」というはじめのご質問にお答えします。

学校や先生が、「多少の体罰は必要」と保護者や生徒に説明したとしても、それをもって体罰の「了解」

を得たことにはなりません。しかも、このような一方的な「了解」は、一人ひとりの意志を確認したとはいえず、このような論理は成立しません。したがって、このような「了解」を得たから体罰は認められるということにはなりません。

知的障害を持った高校生の退学処分

テストは嫌だと言って

もし、わが子のクラスに障害を持った生徒がいたら、保護者としてどのように考えたらよいのでしょうか。一度考えてみてください。

多動性のある知的障害を持ったA君は、三月に都立K高校の定時制二次募集を受験して不合格となったので、さらに四月、三次募集を受験して合格し入学しました。これらの受験については、保護者からの申請により、試験問題を選択肢問題に代替し、試験問題の音読者や代筆者が認められるなどの特別措置がとられました。

一年生の一学期はA君だけの個別授業を受けていましたが、保護者の強い要請により、二学期以降は他の生徒と同じ教室で授業を受けることになりました。

しかし、A君は、遅刻や早退が至極頻繁なうえ、集中力がもたず、途中で教室から抜け出しては図書館や体育館等で過ごしたり、幼児向けのビデオを鑑賞したり、雑誌を読んだり、ボールで遊ぶなどをして過ごすことが多かったため、四五分間の授業に完全に出席することはあまりありませんでした。

それに、テストは嫌だと言って受けず、テストのときにはほんの数分で教室を出てしまうなど、およそ、普通高等学校において履修し単位を取得できるような状況ではなかったし、教職員から自分自身の名前の書き方すらも習うことを拒絶し、学校は遊びに来る所だと言って、自分の興味に適うこと以外はなかなかしようとはしませんでした。

見境のない暴力を振るうので

A君は、授業中であれ、休み時間であれ、放課後であれ、他の生徒や教職員を素手で殴る、バットや定規でたたく、蹴る、突き飛ばす、髪の毛を引っ張る、水をかける、ボールをぶつける、大声を出すなどして騒ぐ、女子生徒を追いかける、女子生徒の手を握り、これを放そうとしなかったり、女子生徒の胸をさわったりする、女子生徒や女性教諭のほか教頭にも無理矢理キスする、下着を付けずに性器を露出させて校内を歩き回る、他の生徒の持ち物を壊す、ツバを吐く、備品を壊したりこれに悪戯したりする、壁やドアを蹴ったりたたいたりする、物を振り回したり投げたりするなどしました。

また、授業中にもかかわらず教室や学校から抜け出して歩き回る、あたりに放尿したり大便を漏らしたりする、警備会社から度々苦情が来るほどエレベーターに悪戯をするなどといったことが度重なり、教職員による制止や厳しい注意、他の生徒からの制止や厳重な抗議にもかかわらず執拗に繰り返していたのです。

このようなA君の行動で頻繁に授業が中断したり、たたかれた生徒や教職員が鼻血を出すなども少なからずありました。また、A君が他の生徒をたたいたり物を投げたりして騒いだり、下半身を露出させて校内を徘徊するなどしたため、生徒達が職員室に待避したことも何度かありました。

このようなA君の行動に対して、学校は、四月一七日と五月一日、それぞれ五日間の自宅謹慎を言い渡しました。

これ以上学校でお預りすることができない

三学期になると、一、二学期に比べれば他の生徒が慣れてきたため、A君には近付かないようにしており、また翌年の一学期には、眠いといって剣道場等で寝ていることが度々であったことから、他の生徒が負傷したりトラブルを生じたりする頻度が多少は少なくなったものの、依然として問題行動は続き、女子生徒の顔面を殴打することもありました。

学校では東京都教育委員会に専任講師を派遣するよう要請し、一年生の四月二五日以降、曜日別に計三人、二年生になってからは、曜日別に計二人の専任の非常勤講師の派遣を受けて指導にあたっていたほか、他の教職員も適宜指導や監督を行っていました。また、多動性のある知的障害児への指導方法の教授を受けるために東京都教育庁の義務教育心身障害教育指導課長に専門の知識や経験を有する指導主事の派遣を要請するなどもしていました。

校長は、A君の入学にあたって、保護者から知的障害があることは知らされていましたが、その詳細な内容や病状については知らされてはいなかったし、病状については「付き合っていただければ分かる」、突発的な行動については「慣れれば大丈夫」などと言うだけで、その詳細については説明はなく、提出された自己申告書にもごく簡単にしか触れられていませんでした。

一年経過して、何回か教頭と事務長が保護者と面談し、A君の問題行動を報告してその改善を求め、さらに、他の生徒の学習権を侵害するので高校で教育するのは限界である事を話して養護学校、あるいは他の教育機関に転学することや、職業訓練を受けさせること等を検討するようにも話していました。しかし、保護者が転学等を受け入れなかったので、教頭と事務長が保護者と面談し、「これ以上学校でお預りすることができないというのが結論であるが、納得していただける状況にないので、四月二八日まで様子を見ることとして、四月三〇日に最終的な判断をしますが、今のところ学校に置けないと判断しています」などと述べて、口頭で退学勧告を行い、その後、文書で退学勧告を行いました。

これに対してA君と保護者は、裁判所に提訴しましたが、どうでしょうか。A君を退学させた学校の措置をあなたはどのように判断されるでしょうか。

理解が全く欠如していたわけではない

この訴えに対して裁判所は、A君について「ヘルパーらとともに自ら自転車等に乗って通学し、ゲーム機などの操作は健常者よりも上手なくらいに行い、コンビニエンスストア等では自分で買い物等をし、自分で携帯電話の操作をするほか、高校内における他者に対する暴行においても、コミュニケーションの手段として肩に手を掛けたところ、力加減が分からずに、外形的に暴力行為の外観を呈してしまったなどというものではなく、原告（A君）の行動を注意する者に暴行したり、棒や定規などを用いて殴りかかるなどといったものであって、突発的、偶発的、瞬間的に相手をたたくというものではないことが認められる。また、三学期には、原告のこのような暴行は、三人の専任講師のうち比較的非力で運動が不得手なB

講師の担当する金曜日によく見られるようになっており、さらには、翌年の一学期には、原告は特定の男子生徒に対して頻繁に暴行を行うようにもなり、抵抗しそうもない自分よりも弱そうな人に対して暴力を行うような傾向がみられたことも認められる。これらの事実からすれば、原告に障害があり、それに応じて、一定の逸脱行動についても、直ちに問題とすべきではないとの配慮をするとしても、原告は、加害や行為の意味内容の理解が全く欠如していたわけではなく、それをある程度は認識しつつ、自己の欲求のままにこれらの行動を引き起こしていたものと評価せざるを得ない」と判示しています。

このように、A君には、健常者と同程度の規範意識を求めることはできないとしても、自らの行動の意味内容をそれなりに理解し、これを制御しようとすることを期待できないわけではなかったにもかかわらず、暴力行為や我がままな行動を繰り返し、他の生徒や教職員に傷害を負わせたり、他の生徒の学習を妨げる行動を繰り返し行ってきたものといわざるを得ないと裁判所は判断し退学処分は違法ではないと判示しています（東京地裁、二〇〇五年九月二七日、『判例自治』二七五号）

個人の学習権か、集団の学習権か

この事件で裁判所は、A君をある意味では「健常者」に近いと判断することによって学校教育法施行規則第一三条の退学処分事由である「性行不良で改善の見込みがない」が適用できるので、退学処分には違法性がないという結論を導いている、といえるでしょう。しかし、A君は知的障害者であると判断すると、一般的健常者に適用されることが予定されている学校教育法施行規則を適用できるのでしょうか。

一九七五年一二月九日、第三〇回国連総会で決議された「障害者の権利宣言」は、「『障害者』という言葉は、先天的か否かにかかわらず、身体的又は精神的能力の不全のために、通常の個人又は社会生活に必要なことを確保することが、自分自身では完全に又は部分的にできない人のことを意味する」と定義し、「障害者は、その人間としての尊厳が尊重される生まれながらの権利を有している。障害者は、その障害の原因、特質及び程度にかかわらず、同年齢の市民と同等の基本的権利を有する。このことは、まず第一に、可能な限り通常のかつ十分満たされた相当の生活を送ることができる権利を意味する」。そして「障害者は、補装具を含む医学的、心理学的及び機能的治療、並びに医学的・社会的リハビリテーション、教育、職業教育、訓練リハビリテーション、介助、カウンセリング、職業あっ旋及びその他障害者の能力と技能を最大限に開発でき、社会統合又は再統合する過程を促進するようなサービスを受ける権利を有する」としています。したがって、A君にとっては、普通高校で学習する権利があるし、学習したいと考えるでしょう。そのためにA君は、入学当初は個別授業を受けていたが、保護者の強い要請により、その後、他の生徒と同じ教室で授業を受けるようにしています。

しかし、高校サイドから考えれば、このような生徒が他の生徒と一緒に学習することによって、学校全体の秩序維持が難しくなるし、A君のように問題行動の多い生徒の学習権を保障する体制が、今の学校にはほとんどないに等しいでしょう。したがって、A君が普通高校で学ぶことが、A君の学習権を保障することになるのか疑問が残りますが、いま、障害を持った生徒と一緒に学ぶことについて、親の立場からもA君の学習権とその他の生徒たちの学習権との衝突を、どのように調整するのか考える必要に迫られていると思いますが、どうでしょうか。

外国籍生徒の学習権はどのように保障されるのでしょうか

外国人の就学義務

外国籍の中学生と母親が訴えた裁判を紹介します。生徒A君と母親（ともに原告）はいずれも韓国籍です。そのA君は、市立P中学校に進学後、不登校になり、それに対して母親は中学校校長に不登校対策を求めていましたが、学校は、母親の求めるような内容の不登校対策をとりませんでした。そこで、母親が校長とやりとりをする中で学校をやめさせたいと話しました。これに対し、校長は、「外国人であるA（君）には就学義務がないので除籍することができる」と話しましたが、この時は、校長に説得されて退学届の提出は思いとどまったのです。ところが、一年後に改めてA君を退学させたいと申し入れ、退学届を提出し、校長はこれを受理しました。その半年後にそれまでの校長がK校長に代わり、A君は復学しましたが、再び不登校となり、堺市に引っ越すこととし、K校長に退学すると伝えたところ、校長は、母親に退学ではなく転学の手続をとるようにすすめましたが、結局退学し転居先の公立中学校に就学し、その中学校を卒業しました。

中学校を卒業して三年後にA君と母親は、校長が「外国人であるから除籍することができる」

と発言したことが、①憲法第二六条第二項、教育基本法、学校教育法等の定める就学義務規定に反し違法であること、②母親の提出した退学届を校長が受理したことなどが、A君の「教育を受ける権利」と母親の「教育を受けさせる権利」を侵害するとして京都市に対して損害賠償を求めて提訴した、という事件を紹介しましょう。

義務教育でも退学できる

この事件で裁判に至るまでの母親と学校の対応についてもう少しみることにしましょう。A君は京都市立小学校に入学し、一年生の後半から卒業まで不登校状態だったのですが、そのようなA君の状況に対して母親は、今回の提訴以前に、小学校教師の怠慢と市教委の不誠実な対応で不登校になったとして、教師と市教委に対し慰謝料請求権があると主張し、京都地裁に提訴しましたが請求は棄却され、大阪高裁に控訴しましたが棄却されました。さらに最高裁へ上告しましたが、それも棄却されています。

小学校を卒業したとき、A君の父親は韓国系の外国人学校への入学を勧めましたが、A君は市立中学校への進学を希望し、市立中学校へ進学したA君は四月は月の半分近く登校していましたが、五月ころから徐々に不登校になり、登校したときには空き時間の教員が対応していました。その後、母親は校長にA君が登校によるストレスや学校生活、小学校以来の教師全般に対する恐怖心などがあるので不登校生徒のための教室を開設するよう要請しました。それに対して校長は、①年間を通じて不登校生徒のための教室を開設することは物理的に無理であること、②不登校生徒のためには空き時間の教員で対応していること、③不登校生徒のための教員の加配を市教委に申請して、一名の加配を実現したことなどについて説明しましたが、母親の理解は得られませんでした。

一〇月に母親は、校長、担任教諭、学年主任と話し合いをし、この話し合いで校長は義務教育の学校には原則として退学は考えられないが、外国籍生徒の就学については、民族学校等への就学の権利を保障するため、就学の義務はなく、退学の意思表示をされた場合には除籍扱いになると伝えました。

退学届けを受理されて

二年生になりA君は保健室に登校することが徐々に増えていき、受けたい授業を選択して出席するようになりました。しかし一〇月、母親が学校にA君を退学させたいと申し入れたので、母親、校長と担任教諭などが話し合いをしました。その中で母親は、①このまま在籍しても自分たちの安心・安全が保たれないので除籍する。一年間要求してきたことが何も実現しないし市教委の対応も法律を盾に冷たい、②自分の考えは「P中学校」という一つの学校を超えたものである。裁判も自分にとってはスタートであり、証拠固めである。国連へのつなぎもすでにできている、③日本人には義務だが、外国人には「お情け」で学校に入れてやっているというのは、国際社会では通用しない差別である。日本人には、在日韓国人の思いは分からない。在日外国人に対する人間のモラル・神経を疑う、④裁判や情報公開請求でも、嘘や公文書偽造で責任を回避している。女と思って馬鹿にしている。ひどい人権侵害である、⑤「除籍」という初めての前例を作り、それを元にして京都市・京都府・文部省・厚生労働省を相手に行政闘争をしていくつもりである、と話しました。

これに対して校長は、A君の学力補充のために学校と家庭の連携を進めていたことなどの学校の取組みを話し、退学によるA君の不利益を考えて退学を思いとどまるよう説得しました。しかし母親は応じなかったので、校長は復学の希望があればいつでも受け入れることなどを伝えましたが、母親は退学届けを提出しました。

高校進学を希望して復学

翌年四月、校長がK校長に代わりました。K校長は前校長からA君が小学校以来不登校であること、母親との話し合いの経緯、前校長が退学届を受け取ったことなどについて口頭で引継ぎを受けました。K校長がA君や母親とのコミュニケーションを積極的に試みる中で、A君は復学への意欲が生じてきました。

A君は一人で学校へ行き、K校長と、高校進学を希望していて昼間働いて定時制高校に行くつもりで、できれば一人暮らしをしたいと話していました。そして数日後に復学したのです。

A君はD高校の定時制への進学又は理容美容専門学校への進学を希望していました。母親は児童相談所に電話して定時制高校等への進路希望について話したり、A君が学校で携帯電話をなくし探していたところ、K校長や担任教諭らからさぼっているのではないかと怒られたこと、A君が怒って学校のガラスを割り、教頭に対して「お前殴ったろか」と言ったらしいこと、嘔吐して一週間休んだこと、同級生に嫌われており遊んでもらえず孤立していると打ち明けたことや学校をやめたいと言ったことなど、学校生活について様々なことを話しました。また、A君が銃刀法違反によりパトカーで警察署へ連れて行かれたこと、別室登校を実施しないことなどの不満も話しました。

A君が京都を出て大阪へ行きたいと言い始めたので、堺市へ引っ越すことにし、退学の意向を伝えたのですが、校長は「退学より転学届の提出という手続のほうが、堺市で転入学しなかった場合でも、事務手続き上、学籍がP中学校に残っていることになり、卒業認定のこと等を考慮した場合ベターである」と話して説得しましたが、説得を受け入れなかったので、再び退学届を受理しました。その後、A君は堺市立中学校に転入学し、中学校を卒業して三年後の二〇〇六年二月二四日に、A君と母親は大阪地裁に提訴しました。

就学義務はない

大阪地裁は、①校長が「外国人であるA（君）には就学義務がないので除籍することができる」と発言したことについて、「就学義務は、義務の性質上、外国人であるA（君）と母親には及ばないので、校長の除籍発言は憲法第二六条第二項、教育基本法、学校教育法等に反するものではなく違法ではない」と判示しました。

②母親の提出した退学届を校長が受理したことについては、世界人権宣言第二六条第一項、社会権規約第一三条第二項及び児童の権利に関する条約第二八条第一項等の条約規定、日韓地位協定第四条、さらに京都市の出している市立学校外国人教育方針の規定等からすると、現に中学校に在籍していたA君には、少なくとも引き続き中学校に在籍し続け、あるいは、転学にあたっては指導要録等の引継ぎを受けるなどして、卒業の際には卒業認定を受けるべき法的利益を有していたとして、校長が退学でなく転学の手続をとるべきことについての説明をしなかったことがA君との関係で違法であるとして、A君の損害賠償請求を一部容認しました（大阪地裁、二〇〇八年九月二六日、『判例タイムス』一二九五号）

外国籍の人々の権利保障は

この裁判は、卒業して三年後に、校長が「除籍できる」と発言したこととA君の退学届けを受け取ったことが争点になっています。そのことだけをみれば、ある意味では学校にイチャモンをつけるクレーマー的裁判と取ることも出来るかもしれません。

しかし、裁判所が、校長が「除籍できる」と発言したことは違法ではないと判断しているということは、外国籍の子どもには中学校の教育を保障する義務がないということでしょう。

この事件とは直接には関係ありませんが、別の裁判での最高裁判断をみることにしましょう。在日韓国人二世の女性、鄭香均（チョン・ヒャンギュン）さんは、保健師として東京都の保健所に勤務してきました。そこで管理職試験を受験しようとしましたが、東京都から日本国籍のない者には管理職の受験資格がないとして門前払いを受けました。東京都の見解は、管理職のすべてと一般事務職・一般技術職などについては、公権力の行使や公の意思の形成にかかわる立場なので、日本国籍を持たない職員がつくのは認められない。さらに、管理職職員は都の行政のかじ取りをする立場なので、国民主権の原理から国籍による制限を設けているもので、この考え方を「当然の法理」であると主張しています。しかし、鄭香均さんは、東京都がいう「当然の法理」に納得できないし、いままで保健師として働いてきたが、国籍が業務の障害になったことは一度もない。具体的な法的根拠のない「当然の法理」によって自分の生き方が制限されるのは、憲法第一四条第一項が保障する法の下の平等原則と憲法第二二条第一項が保障する職業選択の自由に反し裁量の範囲を越えたものだと考え、一九九四年に東京都を相手に提訴しました。

それに対して東京地裁は都の主張を支持、鄭香均さんの訴えを棄却しましたが、東京高裁は、逆転し鄭香均さんの訴えを認め、都に損害賠償の支払いを命じました。地裁への提訴から一一年経過した二〇〇五年一月二六日、最高裁は、「重要な決定権を持つ管理職への外国人の就任は日本の法体系の下で想定されておらず、憲法に反しない」と判断し、都に四〇万円の支払いを命じた東京高裁判決を破棄し、鄭香均さんの請求を退ける逆転判決を言い渡しました。

最高裁裁判官の多数意見は、「職員として採用した外国人を国籍を理由として勤務条件で差別をしてはならないが、合理的な理由があれば日本人と異なる扱いをしても憲法には違反しない」としています。これに対し、「都の職員に日本国籍を要件とする職があるとしても、一律に外国人を排除するのは相当でなく違憲だ」、「在日韓国・朝鮮人ら特別永住者は地方自治の担い手で、自己実現の機会を求めたいという意思は十分に尊重されるべきだ。権利制限にはより厳格であるべきなのに、今回の受験拒否は合理的な範囲を超えたもので法の下の平等に反する」などの反対意見がありました（「朝日新聞」二〇〇五年一月二六日）。

世界的には国境の壁が低くなっているとき、外国籍の人々の権利を考えることが、日本の国籍を持っている人々の権利をも保障することにつながっているのではないでしょうか。

公立高校なのに神棚が設置されていますが、問題はないのでしょうか

部活動で、神棚に「二拍一礼一拍」の拝礼を

息子が通学しているのは公立の高校ですが、武道館で剣道や柔道の授業をしており、授業のほか、課外の部活動にも利用しています。武道館の正面に神棚が設置されていて、授業では別に特別な扱いはしていませんが、部活動の際は、練習の前に顧問教師の指導で神棚に向かって「二拍一礼一拍」の拝礼をする習慣になっています。

それに対して顧問の先生は、神棚には鹿島神宮のお札を奉ってあるだけで、拝礼は生徒の安全祈願で他意はないが、武道の精神からして単なる技術指導ではなく心の修行も大切だ、と話していますが、公立学校なのに神棚は特定の宗教活動ではないか懸念しています。どうなのでしょうか。

教育基本法第一五条

教育基本法第一五条は、「（一）宗教に関する寛容の態度、宗教に関する一般的な教養及び宗教の社会生

活における地位は、教育上尊重されなければならない。(二)国及び地方公共団体が設置する学校は、特定の宗教のための宗教教育その他宗教的活動をしてはならない」と規定しています。この(二)の「宗教教育、宗教活動の禁止」が前面に認識されていて、(一)の「宗教の社会生活上の地位は、教育上尊重されなければならない」という規定が希薄になっているのではないでしょうか。

ある中学校では、野球部の夏期トレーニングの際、練習の終わりに精神修養のため近くの禅寺で座禅を組むことにしているそうですし、ある小学校では、ボランティア活動として子どもたちの遊び場になっている神社の清掃をさせていますし、別の学校ですが、修学旅行の日程に「伊勢神宮参拝」が入っています。また、夏の初めのプール開きで校長先生が、生徒の安全を祈って「お祓い」をするといって御神酒をプールの四隅に流したといいます。さらに言えばクリスマス会なども宗教行事といえるでしょう。このようなことは、教育基本法第一五条から考えて問題はないのか、当然疑問が起こりますので少し検討してみましょう。

校内武道場「神棚」設置事件

はじめに、神棚をめぐる裁判を紹介しましょう。千葉県内の県立高校では、武道場の竣工にあたり、「飾り棚」として、床から二メートルの位置に縦一五〇センナ、横一八〇センチ、奥行三八センチの箱状の棚が設けられ、その前面には縦三〇センチ、横一七四センチの幕板が付いていました。一九九〇年、県立高校一三〇校中、道場内の棚に神棚を奉っているのは六五校、柔道場で三九校、剣道場で五九校でした。

そのことに対して、千葉県の住民であるXさんは、高校の道場内の棚は神棚であるとしたうえで、これを設置した費用、及び神棚に神殿（社）を設置する等の費用を公金から支出したのは、憲法・教育基本法等に違反するとして、県監査委員会に監査請求をしたところ、委員会から請求には理由がないとする通知を受けたため、県知事、県教育委員会委員長、教育長に対し、支出額に相当する損害賠償を求めて出訴した、という事件があります。

この訴えに対して千葉地裁は、「棚の設置経費としての公金の支出行為は、設置された棚に神殿又は社が置かれる可能性があるという意味で、全く神道とかかわり合いがないということはできないが、その目的は、……世俗的なものであり、また、……神殿又は社が柔道場及び剣道場に置かれた場合に生じうる事態としては、柔道又は剣道の授業、ないしはこれらの武道の課外活動における練習の初めと終わりに、指導者及び生徒らがその前で黙想することが考えられるが、これらは、神道の宗教上の行為というよりは、武道の中の一つの作法として長年月の間行われてきたものであって、伝統的な習俗と目するべきであり、それが強制にわたらない限り、一般人に対し、国家ないしその機関が神道に特別の援助を与えているとの印象を与えるものとは認められず、また、本件棚は、優勝カップを置いたりすることを目的とするものであったが、高校の中には、任意に神殿（社）を置いたところがあったというのであって、当然に神殿又は社が置かれるとはいえないのであるから、右公金の支出行為の神道とのかかわり合いは、極めて微弱なものであると認められる。……本件棚の設置経費の支出は、憲法第八九条所定の宗教教育のための支出に該当しないことが明らかである」と判断しています。

このように、学校内の施設に神棚を置くということは、宗教とは特に深い関わりがない安全祈願や武道精神修行のための単なる習慣化した社会的儀礼的、世俗的な行事であるとしている。この裁判では、学校のなかの「宗教」について、ある意味では柔軟に、そして「無節操」ともいえるような判断をしています

（千葉地裁、一九九二年一一月三〇日、『判例地方自治』一〇七号）

学校の神棚、武道の作法として必要

この裁判について若者（明治大学三年生）の意見を紹介しましょう。

※神棚はお守りではないか。自分は高校の時、剣道・柔道の授業の始めと終わりに神棚に向かって一礼、黙想をさせられた。しかし、これは宗教とは関係なく武道の一つとして行っていた。怪我をしないようにと、お守りを持つ感覚でやっていたし、精神統一ができ集中して授業に望むことができた。お守りを持つこと自体が宗教なのかもしれないが、今の日本人にそこまで考えてお守りを買う人は少ないはずだ。初詣も同じだ。

柔道や剣道の先生が宗教的に神棚を置いているとは考え難い。先生たちは武道の作法として、また授業中の安全を祈願して一礼、黙想を行っているのだと思う。

※私は小学校から中学まで剣道を習ってきたが、神棚については深く考えなかったし、中学校の道場では神棚の代わりに校旗が掲げられたが、特に気にとめなかった。地元の道場では「神前に礼」をし、中学校では「上座に礼」といった具合に。神棚があるからといって特別なことをする訳でもなく、無くても何も変わらない。

実際のところ、剣道をやってきた「本人」が意に介さないのに、全くの「外野」である人たちが騒いでいることが不思議である。そもそも剣道は日本古来からあるもので、同じく日本古来からの宗教である神道と結びついていても何らおかしくない。建物を建てるときには、たとえば公共事業でさえ「慣例」として地鎮祭を行う。剣道となにが違うのか。

このように、全く違和感を持っていない若者が少なからずいるようですが、他方、多少の違和感を持っている若者もいます。

※高校の道場に神棚を置く、この千葉県の県立高校での事件について、最初は違和感は特に抱かなかった。なぜなら剣道は古来、神道と密接に関係があるため道場の中に神棚があっても良いのではなかろうかと考えたからである。加えて、住民のXさんがなぜ訴えるのか、一瞬首を傾げたくなってしまった。だが、みんなと話し合っている内に最初の印象からは変化が生じた。

まず第一に、神道という一つの宗教に公費を使っていいのか。次に練習の最初と最後に一礼や黙想することは剣道というスポーツの名を借りた特定の宗教性に繋がるのではないかということだ。

※最初、武道館に神棚を置くのは神のご利益があるかもしれないので、特に問題はないと考えた。しかし、神棚を設置することは憲法の政教の分離に反するのではないかと考える。政教分離は国家が宗教に対して中立であるというものである。日本では昔から国家と宗教が関わり（たとえば神社など）戦争が行われてきたという苦い歴史から憲法に明記されている。私立高校ではなく県立高校が特定の宗教を特別視することは、他の宗教に対する差別になり、明らかに憲法に明記された政教分離に反する。

※公立学校で特定の宗教の象徴を設置することは、今の国際社会において、少しデリケートな問題に触れるのではとの疑念を抱かずにはいられない。もちろん、それは何か特定の宗教信者に対してだけではなく、無宗教である人に対しても宗教の自由を奪うことになるのではないか。また、一般的宗教観の問題だけではなく、特にファシズムのイメージに繋がることもあり、在日朝鮮人・韓国人などの生徒に非常にデリケートな問題を投げかけると思われる。

はじめはほとんどの若者が、神棚設置にさして問題はないと考えていたのですが、お互いに話し合う中で問題点を指摘する声が増えていきました。なによりもこのような問題を学校で話し合ったことがないというのです。このことも問題ですが、ここでの問題は、「神棚」に礼をすることが特定の宗教を「帰依」することなのか、あるいは、単に安全を祈願し心の安らぎを与える習俗的行為で宗教行為ではないと考えるのかです。クリスマスはキリスト教とはほとんど無関係に多くの人が楽しむイベントと化しているので宗教行為とは考えにくく、武道場の神棚礼拝も同じように考える人にはさして問題にはなりませんが、かつての日本には国家神道の歴史があり、そのことを危惧する人には、神棚礼拝は許せない行為です。大切なことは、このような問題を多くの人が語り合うことです。これまで、宗教に関することは学校でタブー視し、軽視していたのではないでしょうか。その隙間を縫って新たな「新興宗教」が学校教育に侵入しようとしている事実もあります。

教育危機の元凶は教育基本法

教育基本法の「改正」時に話題になった宗教教育を思い起こしてみることにしましょう。当時、「日本の教育改革」有識者懇談会は、次のような指摘をしています（「日本の教育改革」有識者懇談会『なぜいま教育基本法改正か―子供たちの未来を救うために』ＰＨＰ研究所、二〇〇四年）。

学級崩壊の背後には「個性」尊重・「自主性」尊重という戦後の思想が影を落としており、校内暴力の背後にも「実力行使」を忌み嫌う「話し合い」万能の戦後の「民主主義的思考」が潜んでいるとして、「学力低下の背後にある『エリート教育』の軽視や、万人を一律に平等視する『戦後民主主義』の思想」があり、また、「不登校や児童虐待の背景には、父性の欠落や母性の崩壊があり、逆に教育基本法には欠落している家庭教育の中から生じてきた問題といえる。家庭におけるしつけの不在も、同様であろう。道徳教育の欠落も、本来は教育基本法の前提であった教育勅語を占領軍によって否定されてしまったことから生じた」というのです。

また、「問題教員がはびこる背後には、これを庇護する教員組合や行政の事なかれ主義があり、『教育は、不当な支配に服することなく』という教育基本法の条項が逆手に取られ、教育現場が日教組の『不当な支配』に、逆に服してしまっている現実がある。宗教的情操教育の欠落も、『特定の宗教のための宗教教育』を禁止する教育基本法の条項を逆手に取られ、『触らぬ神に崇りなし』とばかりに、一切の宗教を忌避する学校関係者の臆病な姿勢からきている。ジェンダーフリー教育も、『性別』による差別を禁止した教育基本法の条項を逆手に取られ、逆に家族解体・国家解体の方向へと、この国を誤導してしまっている一例である」として、「現在の日本の教育の危機は、そのことごとくが根本のところで教育基本法そのものに由来するか、あるいは教育基本法の不備（条文の欠落・条文解釈上の不備）に基づいて起こっているか、そのどちらかだということが、結論としていえるように思う」という。

このように、今日の「教育危機」の元凶を旧教育基本法に求める指摘が一部にあり、その主張では、このような現状を打破するための一つに宗教的情操教育の重要性をあげています。

宗教の根幹は「畏敬の念」

中央教育審議会第二〇回基本問題部会（二〇〇二年一二月一九日）で阿部美哉（國學院大学長＝当時）は、「小学校・中学校の学習指導要領の『道徳』において、自然や崇高なものへの関わりの教育について書いてある。中学校では、更に、畏敬の念を高めることが書いてあり、加えて中学校の『心のノート』にも礼儀やかけがえのない命について書いてある。道徳や畏敬の念は、宗教の根幹である。ドイツの神学者オットーによると、宗教のもっとも基本のところの要素であり全ての宗教に共通するものは、畏れや畏敬の念である。自然や崇高なものとの関わり、畏敬の念は、道徳面からも大きいものだが、宗教の根源でもあり、また逆に宗教抜きでは論じがたい面がある。つまり、道徳と宗教の関係は切っても切れない要素がある。そして道徳教育で取り扱う畏敬の念の教育は宗教の根幹であり、世界の宗教の根幹でもある。この畏敬の念について各宗教がいかなる表現形態をとっているかについて教育することは極めて大切である」という意見陳述を行っています。

このように、宗教の根幹は「畏敬の念」であり「道徳と宗教は切っても切れない」という。特定の宗派とは関わりがない「宗教」、いうなれば「透明な宗教」による「宗教的情操の涵養」は道徳教育に欠かせないもので、その中心的理念は「畏敬の念」であるということになるでしょう。

このような宗教と道徳の関係について、三井為友は（「宗教教育」長田新監修『教育基本法』新評論、一九五七年）、「かつて人間社会が宗教、道徳、政治が未分化の時代があった」、その時代は「道徳律や法律が、すべて宗教上の戒律という形式をとっていた」、しかし「文化が進んでくると、法と道徳と信仰とが、それぞれ別な機能を持って分化してくる。しかも、法と道徳律とは社会生活を成立させる基礎であるものとして、社会生活上不可欠のものとなったが、信仰は個人の内心の問題として、これを持つか持たないかは、厳密には外部からうかがい知ることができないものとなった」。そのような現代社会にあって、「宗教が道徳生活の向上に資しうるなどと考えるのは、宗教と道徳の未分化の時代の遺物的な思考というべきであろう」とし、いまモラルの低下を宗教によって回復するという考え方は基本的には時代錯誤であると指摘しています。

学校教育に取り込まれる「畏敬の念」

一九九六年七月に出された中央教育審議会の第一次答申は、「二一世紀を展望した我が国の教育の在り方について」で、サブテーマは、「子どもに『生きる力』と『ゆとり』を」です。その中で「生きる力」は「自分で課題を見つけ、問題を解決する資質や能力であり、また美しいものや自然に感動する心、倫理観や思いやりの心、それらを支える健康や体力」としています。

一九九八年六月に中央教育審議会では「幼児期からの心の教育の在り方について」を答申し、「新しい時代を拓く心を育てるために―次世代を育てる心を失う危機」をまとめていますが、この答申を契機として「心の教育」が話題になりました。

この答申の四章で①美しいものや自然に感動する心などの柔らかな感性、②正義感や公正さを重んじる心、③生命を大切にし、人権を尊重する心などの基本的な倫理観、④他人を思いやる心や社会貢献の精神、⑤自立心、自己抑制力、責任感、⑥他者との共生や異質なものへの寛容、の六項目が提示されています。

また、中学校学習指導要領・道徳「主として自然や崇高なものと関わること」では、(一)自然を愛し、美しいものに感動する豊かな心を持ち、人間の力を超えたものに対する畏敬の念を深めるようにする、(二)生命の尊さを理解し、かけがえのない自他の生命を尊重するようにする、(三)人間には弱さや醜さもあるが、それを克服する強さや気高さがあることを信じて、人間として生きることに喜びを見いだすよう努める、としていますが、いま、多くの子どもたちが考える「人間の力を超えたもの」とは、星座占い、血液型占い、ジンクスなどではないでしょうか。また、子どもたちは、①茶柱が立つのは良いことの前触れ、②血液型で性格が分かる、③生命線が長いと長寿のあらわれ、④一三日の金曜は縁起が悪い、⑤耳たぶが厚いのは金持ちになる、⑥三人写真の真ん中は早死にする、⑦不運な人は改名すると良い、等々観念的な事象を肯定するようになっています。そのような認識の上に「畏敬の念」などの宗教的情操教育が行われることに不安を感じます。いま、道徳の「教科化」が提起されています。学校まかせではなく保護者としての意見を明確にする必要があるでしょう。

おわりに　保護者と教師、それぞれの懲戒権を問う

保護者の懲戒と教師の懲戒

近時、特にわが子に対する虐待が、社会的問題になっています。この問題の難しさは、しつけなのか虐待なのかの判断です。川崎二三彦はこのことについて、「しつけは、子どもの成長に合わせ、欲求や理解度に配慮しながら、基本的な生活習慣、生活能力、他人への思いやりや社会のルール・マナーを身につけさせる行為です。虐待は、子どもの成長や気持ちも考えずに保護者自身の欲求や要求を満たすために、子どもを従わせようとする行為で、子どもの心身を傷つけ、健やかな成長、発達を損なうものです」（『児童虐待―現場からの提言』岩波新書、二〇〇六年）と説明していますが、具体的な事例のなかでは判断が難しいと思いますので、先生や児童相談所などの専門職や専門機関に相談することが必要になってきます。

ところで、児童・生徒への虐待は学校にはないのでしょうか。もちろん児童虐待防止法には教師による虐待については規定されませんが、教師による体罰や嫌み、皮肉などは、子どもの心に傷を残します。特に、部活などで気合い入れということでの殴る、蹴るなどは虐待にあたりませんか。運動部など、しごき

なのかトレーニングなのかの区別が分かり難いことがあり、よく出される事例として「うさぎ跳び」はトレーニングなのか「しごき」なのか判断が問われます。

ここで、保護者の懲戒と教師の懲戒の差異をみることにしましょう。たびたび紹介してきましたが、学校教育法第一一条は「校長及び教員は、教育上必要があると認めるときは、文部大臣の定めるところにより、学生、生徒、及び児童に懲戒を加えることができる。ただし、体罰を加えることはできない」と規定していますが、今から一〇〇年以上前の一九〇〇年の小学校令第四七条は、「小学校長及教員ハ教育上必要ト認メタルトキハ児童ニ懲戒ヲ加フルコトヲ得但シ体罰ヲ加フルコトヲ得ス」とほぼ同じ文言でした。このように学校教育では、明治時代から体罰は禁止されています。

一方、民法第八二二条は「親権を行う者は、必要な範囲内で自らその子を懲戒し、又は家庭裁判所の許可を得て、これを懲戒場に入れることができる」と規定し、保護者にも懲戒権は認められています。ただ、「懲戒場に入れることができる」としていますが、現在、わが子を入れることができる「懲戒場」はありません。この条文も一八九八年（明治三一）に施行され現在に至っていますので、現実との齟齬を生じています。

学校教育法第一一条は、教師の懲戒を限界として体罰禁止を規定しているのですが、民法第八二二条は、保護者の懲戒として、その限界は規定されていないので、子どもの虐待の問題が起こるのです。しかも懲戒は、言葉としては懲らしめ、戒めですが、中身としてはしつけを意味してきました。日本社会はしつけの一つの方法として体罰が社会的に容認されてきたのでしょう。このことがしばしばエスカレートしてわが子への虐待となっても、しつけだという理由で保護者の行為を正当化する口実として使われてきたのでしょう。

しかし、多くの学校で、体罰が行われ様々な問題を起こしていますし、ある程度の体罰は必要だと考えている教師もいますし、保護者の中にもいます。教師の中には、体罰を含めて厳しく指導しなければ学校の秩序は維持できないし、体罰によって自分の行動が間違っていたことに気づく生徒も多いという考えもあります。ところが、近頃体罰を行うと保護者や教育行政から厳しくチェックされるので、体罰を行わないだけでなく厳しく指導することを「放棄」し、「触らぬ神に祟りなし」を決め込む教師もいます。

わが子を虐待する保護者が「しつけのため」と言い、学校での体罰も同じように生徒のためと言われており、通底する所があります。そこで、教師の体罰をめぐる問題をみることにしましょう。

懲戒権の限界

戦後、体罰の具体的判断基準は、一九四八年にまとめられた「児童懲戒権の限界について」（いわゆる「法務庁見解」）が今日まで基準でした。ところが、近時、「問題行動を起こす児童に対する指導について（通知）」（二〇〇七年二月五日、文部科学省初等中等局長）の中で、「学校教育法第一一条に規定する児童生徒の懲戒・体罰に関する考え方」を発表し、「法務庁見解」を見直ししているのでみることにしましょう。

まず「通知」は、「児童生徒への指導にあたり、学校教育法第一一条ただし書にいう体罰は、いかなる場合においても行ってはならない」としたうえで、「体罰にあたるかどうかは、当該児童生徒の年齢、健康、心身の発達状況、当該行為が行われた場所的及び時間的環境、懲戒の態様等の諸条件を総合的に考え、個々の事案ごとに判断する必要がある」としていて全面的には禁止していません。

そして、「その懲戒の内容が身体的性質のもの、すなわち、身体に対する侵害を内容とする懲戒（殴る、蹴る等）、被罰者に肉体的苦痛を与えるような懲戒（正座・直立等特定の姿勢を長時間にわたって保持させる等）にあたると判断された場合は、体罰に該当する」と「法務庁見解」をふまえたうえで、「個々の懲戒が体罰にあたるか否かは、単に、懲戒を受けた児童生徒や保護者の主観的な言動により判断されるのではなく、……諸条件を客観的に考慮して判断されるべきであり、特に児童生徒一人一人の状況に配慮を尽くした行為であったかどうか等の観点が重要である」としています。

そして、有形力の行使（ほぼ体罰と同義）以外の方法により行われた懲戒については、たとえば、次のような行為は「通常体罰にはあたらない」としています。

①放課後等に教室に残留させる（用便のためにも室外に出ることを許さない、又は食事時間を過ぎても長く留め置く等肉体的苦痛を与えるものは体罰にあたる）、②授業中、教室内に起立させる、③学習課題や清掃活動を課す、④学校当番を多く割り当てる、⑤立ち歩きの多い児童生徒を叱って席につかせる、とし、これらは「法務庁見解」を踏襲していますが、今回の文部科学省「通知」は、「児童生徒から教員等に対する暴力行為に対して、教員等が防衛のためにやむを得ずした有形力の行使は、もとより教育上の措置たる懲戒行為として行われたものではなく、これにより身体への侵害又は肉体的苦痛を与えた場合は体罰には該当しない。また、他の児童生徒に被害を及ぼすような暴力行為に対して、これを制止したり、目前の危険を回避するためにやむを得ずした有形力の行使についても、同様に体罰にあたらない。これらの行為については、正当防衛、正当行為等として刑事上又は民事上の責めを免れうる」としています。

そして、「児童生徒が学習を怠り、喧騒その他の行為により他の児童生徒の学習を妨げるような場合には、他の児童生徒の学習上の妨害を排除し教室内の秩序を維持するため、必要な間、やむを得ず教室外に退去させることは懲戒にあたらず、教育上必要な措置として差し支えない」とし、携帯電話について、

「児童生徒が学校に持ち込み、授業中にメール等を行い、学校の教育活動全体に悪影響を及ぼすような場合、保護者等と連携を図り、一時的にこれを預かり置くことは、教育上必要な措置をして差し支えない」としています。このように、「通知」はこれまでの「法務庁見解」から一定体罰を容認する方向に傾斜しているのです。

子どもの人間としての尊厳のために

体罰について一番大切なことは、大人からの視点ではなく、子どもの目線に立つことです。「子どもの権利条約」は、「あらゆる形態の身体的もしくは精神的な暴力」から子どもを守る義務が締約国にあることを明記しています。一九九八年、国連・子どもの権利委員会は日本政府に対して、「学校において重大な暴力が頻発していること、特に、体罰が広く用いられていること、および、生徒間に膨大な数のいじめが存在していることを懸念する」とし、「学校における暴力を防止するため、特に、体罰およびいじめを根絶する視点にたって、包括的なプログラムを開発するよう、また、その実施をきめ細かく監視するよう」、そして体罰を法律で禁止するだけでなく「子どもの人間としての尊厳と合致し、かつ、本条約と適合する、代替的な形態の懲戒が行われることを確保するために、意識向上キャンペーンが行われるよう」勧告しています。道は遠いかもしれませんが、体罰に頼らない指導を確立することが、いま大切なのでしょう。そのことが、児童虐待を漸減する素地にも繋がるのではないでしょうか。

第四章でもふれましたが、最高裁は、地裁、高裁が体罰だとする判断を破棄し、体罰にはあたらないという逆転判決をくだしました。いま、新自由主義がもたらす経済格差の拡大、それに伴って教育格差が拡大し、それへの対応が混迷しています。そのことによって「荒れ」や「問題行動」の増幅が予想されるなか、管理的な強権指導を発動せざるをえないで「学校秩序の維持」という名目のもとに教育指導が硬直化しています。その硬直化した指導に呼応して最高裁は、体罰「容認」的判断をしたのでしょう。

学校の体罰について述べてきましたが、どうでしょうか。保護者が先生の体罰を注意深く監視することが、保護者による子どもの虐待をなくすことにも関わっているのではないでしょうか。

本書は終始保護者の視座からまとめてみました。不十分なところが多々あると考えますが、ぜひ参考にして、ご自分の意見をまとめるための素材にしていただければと考えております。最後になってしまいましたが、同時代社の高井隆氏から適切な助言やご指摘をいただきまとめることができました。深く感謝しております。

柿沼昌芳（かきぬま・まさよし）

1936年生まれ、30年勤務した都立高校を1989年に退職。その後　明治大学、中央大学、お茶の水女子大学などの非常勤講師、教職科目の中で主に生徒指導論などを担当。日本教育法学会理事などを歴任し、現在東京都高等学校教育法研究会顧問。

【著書】『学校の常識と非常識』大月書店（1991年）、『「甘い」指導のすすめ』三省堂（1995年）、『学校の常識が法で裁かれるとき』学事出版（1999年）、『裁判で問われる学校の責任・教師の責任』学事出版（2001年）、『生徒をめぐる権利と責任の法的検討』学事出版（2003年）、『教育法から見える学校の日常』学事出版（2005年）、『学校が訴えられる日—いじめ裁判から見えてくる学校の責任』学事出版（2007年）など。

【主な編著書】『生活指導の教育法的検討』学事出版（1989年）、『親の責任・教師の責任の教育法的検討』学事出版（1990年）、『子どもの権利条約　学校は変わるか』国土社（1991年）、『問題を繰り返さない特別指導』学事出版（1992年）、『戦後教育の検証（全5巻＋別巻5）』批評社（1996年）、『保護者の常識と非常識』大月書店（2008年）、『「生徒指導提要」一問一答』同時代社（2012年）ほか。

学校の生活指導・保護者の心得張
裁判事例から考える いじめ・体罰・校則違反

2014 年 7 月 31 日　　初版第 1 刷発行

著　者　　柿沼昌芳
発行者　　高井　隆
発行所　　株式会社同時代社
〒 101-0065　東京都千代田区西神田 2-7-6
電話 03(3261)3149　FAX 03(3261)3237
組　版　　有限会社閏月社
装　幀　　クリエイティブ・コンセプト
印　刷　　株式会社シナノパブリッシングプレス

ISBN978-4-88683-767-7